[中华文脉读库]

# 中华典籍十七讲

古籍枢要 国学津梁

Essential Compass
of Chinese Classics

钱基博 著

济南出版社

图书在版编目（CIP）数据

中华典籍十七讲 / 钱基博著. -- 济南：济南出版社，2025.3. -- ISBN 978-7-5488-7037-1

Ⅰ.G256

中国国家版本馆CIP数据核字第2025GF5578号

## 中华典籍十七讲
ZHONGHUA DIANJI SHIQIJIANG

钱基博　著

出 版 人　谢金岭
责任编辑　范玉峰　李　敏　张冰心　孙梦岩
封面设计　四季中天　张　倩

出版发行　济南出版社
地　　址　山东省济南市二环南路1号（250002）
总 编 室　0531-86131715
印　　刷　山东临沂新华印刷物流集团有限责任公司
版　　次　2025年3月第1版
印　　次　2025年3月第1次印刷
开　　本　160mm×230mm　16开
印　　张　12
字　　数　120千字
书　　号　ISBN 978-7-5488-7037-1
定　　价　58.00元

如有印装质量问题 请与出版社出版部联系调换
电话：0531-86131736

版权所有　盗版必究

# 序

长夏无事，课从子钟汉读番禺陈澧兰甫《东塾读书记》，时有申论，随记成册。其中有相发者，有相难者，每卷得如干事，尽四十五日之力讫事。陈氏以东塾名其庐，而仆课子弟读书之室，会在宅之东偏，遂以后东塾名吾室。而董理所记，都十七卷，署曰《后东塾读书记》，而古籍之精要者粗举，以与陈《记》，合之则互为经纬，而分之则各成篇章，庶几并行不废云。

陈氏何为而作《东塾读书记》也？曰以捄敝也。曷言以捄敝也？清儒喜言东汉许、郑之学，至嘉、道之世，极炽而敝。于是专求古人名物制度训诂书数，以博为量，以窥隙攻难为功，其甚者欲尽舍程、朱而宗汉之士，枝之猎而去其根，细之搜而遗其巨。物极必反，穷而思通，于是有西汉今文之学兴。自武进庄存与方耕始治《公羊》，作《春秋正辞》，渐及群经。其为学务明微言大义，不专章句训诂之末。一门并承其绪，其外孙刘逢禄申受及长洲宋翔凤于庭复从而张之，海内风动，号为常州学派。一衍而为湖南之王闿运壬秋，四川之廖平季平，以《公羊》言礼制。又一衍而为广东之康有为长素、梁启超任公，以《春秋》

言经世。此一派也。其又一派，则兼综汉、宋，不为墨守，以为清学出朱子之道问学以上窥许、郑，又谓汉儒亦明义理，力祛汉宋门户之见。于是南海朱次琦子襄及陈澧开宗于粤，义乌朱一新鼎甫、定海黄以周元同桴应于浙，前唱后喁，蔚成学风。二者之为学不同，而要归于捄汉学之碎则一。陈澧晚年著《东塾读书记》二十五卷，其中卷十三《西汉》，卷十四《东汉》，卷十七《晋》，卷十八《南北朝隋》，卷十九《唐五代》，卷二十《宋》，卷二十二《辽金元》，卷二十三《明》，卷二十四《国朝》，卷二十五《通论》，凡十卷，则搜采汉晋以后诸儒粹言至论，有目无书。独卷十三《西汉》补刊别行，而世所流传者，通行本十五卷，乃寻求群经大义及其源流正变得失所在。遵郑康成《六艺论》，以《孝经》为道之根源，六艺之总会，而冠于编；学《易》不信虞翻之说；学《礼》必求礼意；次考周秦诸子流派，抉其疵而取其醇；其次则表章郑学、朱子，骈称并赞。以明沟通汉、宋之旨，盖隐比顾亭林之《日知录》。然而有不同者。亭林之纂《日知录》，旨在经世；而澧之为《读书记》，专崇讲学。亭林言经学即理学，将以实事求是，捄王学之空；而澧明汉学通宋学，欲以疏通致远砭清儒之碎。前有自述一篇，中称："读郑氏诸经注，以为郑学有宗主，复有不同，中正无弊，胜于许氏《异义》、何氏《墨守》之学。读《后汉书》，以为学汉儒之学，尤当学汉儒之行。读朱子书，以为国朝考据之学，源出朱子，不可反诋朱子。尤好读《孟子》，以为孟子所谓性善者，人性皆有善，荀、杨辈皆未知也。又著《汉儒通义》七卷，谓汉儒善言义理，无异于宋儒。宋儒轻蔑汉儒者非也。近儒尊汉儒而不讲义理，亦非也。"可以觇生平宗尚之所在焉。

# 序

《无邪堂答问》五卷，义乌朱一新鼎甫撰。一新，光绪丙子恩科曹鸿勋榜下进士，累官陕西道监察御史，以疏劾内侍李莲英，懿旨诘责，降官主事。两广总督张之洞延为肇庆府端溪书院山长，寻入广州，为广雅书院山长，为定院规，先读书而后考艺，重实行而屏华士，仿古专家之学，分经、史、理、文四者，延四分校主之。诸生人赋以日记册，质疑问难，以次答焉，成就甚众。因辑录讲论之词，成《无邪堂答问》五卷。尝谓进德莫先于居敬，修业莫先于穷理，穷理必兼学问、思辨。学问者，格致之事。思辨者，由致知以几于诚正之博而反约，则居敬尤要。故院中生徒有聪颖尚新奇者，必导而返诸正大笃实。其论学术，谓"近世汉与宋分，文与学分，道与艺分。岂知圣门设教，但有本末先后之殊，初无文行与学术治术之别"。又以道、咸以来，士大夫好讲西汉《公羊》之学，流弊至于蔑古荒经，因反复论难以正其失，至论西学、耶教、新疆、铁路、吉林边防数十条，亦复洞中窍会。傍晚纳凉庭中，与诸儿论次及之，以为《答问》可配陈禮《东塾读书记》。倘学者先读陈《记》以端其向，继之《答问》以博其趣，庶于学问有从入之途，不为拘虚门户之见。儿子钟书因言："《答问》与陈《记》同一兼综汉、宋，若论识议闳通，文笔犀利，则陈《记》远不如《答问》。"余告之曰："不然，陈君经生，朴实说理，学以淑身。朱生烈士，慷慨陈议，志在匡国。《答问》文笔议论，远胜陈君，信如所论。然《答问》之体，适会多途，皆朱生当日应机作教，事无常准，《诗》《书》互错综，经史相纷纭，义既不定于一方，学故难求其条贯。又其言皆有为而发，非于晚清学风史实，烂熟心胸，未易晓其端绪；不如陈君《读书记》之部居别白，牖启涂辙，论议尽欠雄骏，开示弥征平实。又贤圣应世,事迹多端,随感而起,故为教不一。陈君宿学,但见戴学末流之崽琐,故欲救之以通,而于《公羊》有发挥,亡贬绝。朱生晚出,及见康氏今文之狂诡,更欲讽之于正,而于《公羊》多驳难,少赞扬。此其较也。"钟书因言:"见朱生《佩弦斋文》,中有与康长素论学论书诸书,皆极锐发。"又谓:"朱生自诩'人称其经学,而不知吾史学远胜于经。'"大抵朱生持宋学以正汉学,盖陈君之所同趣,而治经学以得史意,则陈君之所未到。又其较也。闭户讲学,而有子弟能相送难,此亦吾生一乐。唯连日身体又剧不适,殊为美中不足耳。时在中华民国十九年八月,无锡钱基博记。

# 目 录

| 第一讲 | 孝经 | 001 |
| --- | --- | --- |
| 第二讲 | 论语 | 005 |
| 第三讲 | 孟子 | 013 |
| 第四讲 | 周易 | 019 |
| 第五讲 | 尚书 | 031 |
| 第六讲 | 诗 | 037 |
| 第七讲 | 周礼 | 043 |
| 第八讲 | 仪礼 | 051 |
| 第九讲 | 礼记 | 055 |
| 第十讲 | 春秋上 | 061 |
| 第十一讲 | 春秋下 | 075 |
| 第十二讲 | 小学 | 105 |
| 第十三讲 | 诸子 | 111 |
| 第十四讲 | 西汉 | 137 |
| 第十五讲 | 郑学 | 153 |
| 第十六讲 | 三国 | 157 |
| 第十七讲 | 朱子 | 163 |

# 第一讲　孝经

六经所明，不外人道。仁之为言人也。《易》为六经之冠，而《易》道乾元，君子以自强不息，体仁以长人也。孔、孟为儒家之魁杰，而《论语》首《学而时习章》，继之以有子说"孝弟为仁之本"，又次之以子曰"巧言令色，鲜矣仁"，明乎仁则为善学，不仁则不得为善学。学者，学此者也；时习者，习此者也。颜回三月不违仁，时习乎仁也。《荀子》"仁义不一，不足谓善学"《劝学篇》语。劝学乎仁也。《论语》二十篇，归根在一"仁"字。《荀子》三十二篇，着意在一礼字。然而《荀子》论礼，亦以克己复礼为仁，非与《论语》有异趣，其言"人生有欲，欲而不得，则不能无求；求而无度量分界，则不能不争；争则乱，乱则穷。先王恶其乱也，故制礼义以分之，以养人之欲，给人之求，使欲必不穷乎物，物必不屈于欲，两者相持而长，是礼之所起。"《礼论篇》语。然则礼者，人之所由以耦俱无猜，而不为争民施夺者也。《论语》揭仁，以立人道之极；《荀子》论礼，以明行仁之方。明其枝流虽分,本萌于仁者也。《孟子》七篇,亦以"仁义而已"开宗明义,先立乎人道之极也。而孝弟则为仁之本。《孝经》言"爱亲者不敢恶于人,敬亲者不敢慢于人",《孟子》言"亲亲而仁民,仁民而爱物",由本以及末也。《孝经》言"不爱其亲而爱他人者,谓之悖德",《孟子》言"未有仁而遗其亲",由外而验内也。故知《孝经》为道之根源,六艺之总会。

《孝经》文体有三说:(一)谓孔子自作《孝经》,因弟子有请问之道,师儒有教诲之义,故假曾子之言,以为对扬之体。庄周之斥鷃笑鹏,罔两问影;屈原之渔父鼓枻,太卜拂龟;马卿之乌有无是;扬雄之翰林子墨,皆依仿其体。刘炫说。见《正义》引《述义》。(二)《孝经》为七十子之遗书,与《礼记》为近,开首"仲尼居,曾子侍"与《礼记·孔子闲居》"子夏侍",《仲尼燕居》"子张、子夏、言游侍"文法正同。陈澧说。(三)《孝经》各章,皆引《诗》作结,实开荀子著书、《韩诗外传》之体。某氏说。不忆何人。

《孝经》之伪,朱子《孝经刊误》及《朱子语录》,《四库提要》详引之。新安姚际恒立方《古今伪书考》咸有论列,与陈澧意异。独山阳丁晏俭卿浏览群书,断自两汉,录其征引《孝经》者,并搜集古注,成《孝经征文》一卷,以诏学者,征是书为汉以前人所诵习讲授,而不出于后人之矫托云。

《孝经》有今文、古文二本。今文称郑玄注,其说传自荀昶,而《郑志》不载其名。古文称孔安国传,其书出自刘炫,而隋儒已言其伪。至唐玄宗开元七年三月，诏令群儒质定，右庶子刘知几主古文，立十二验以驳郑。国子祭酒司马贞主今文，摘《闺门章》"文句凡鄙"，《庶人章》割裂旧文，妄加"子曰"字，及注中"脱衣就功"诸语，以驳孔。两议并上。诏：郑依旧行用，孔注传习者稀，亦存继绝之典。十年六月，上注《孝经》，颁天下及国子学。天宝二年五月，上重注，亦颁天下。唐以前诸儒之说，因藉捃摭以仅存。四年九月，以御注仍自八分，刻石于太学，谓之石台《孝经》。旧在陕西西安府学，为碑凡四。自是唐玄宗御注行而郑、孔两家并废，其章句盖同今文也。玄宗既自注《孝经》，诏元行冲为疏，宋真宗咸平二年，翰林侍讲学士邢昺受诏校定《孝经义疏》，特剪截元《疏》，旁引诸书，成《孝经正义》三卷。元《疏》废而邢《疏》遂行，今刊入《十三经注疏》者是也。至让清道光间，仪征阮元芸台则以《孝经》为曾子之书也，既撰《曾子注释》，以与《孝经》相表里，因命次子福喜斋撰《孝经义疏补》九卷，全载《唐注邢疏》原文，而以《曾子》十篇中，凡可以发明《孝经》，可以见孔、曾授受大义者，悉分系于各章各句之下。至明皇御注半存旧注，而郑注亦杂其中，如有郑注见引于唐以前书者，悉据以补之，而于《释文》所载郑注旧字旧义，全行载入，以存郑氏旧观，且疏证之，古籍可相辅翼，并为甄录，兼下己意，曲鬯旁通。虽曰补疏，而实与疏全经者无殊，盖专家之学，清儒莫逮也。

# 第二讲　论语

阅《东塾读书记》第二卷《论语》，提要钩玄，观于会通，不为汉儒训诂琐细之谈，亦不作宋学心性杳冥之论。一引朱子语类，谓："《论语》一部，自《学而时习之》至《尧曰》，都是实地做工夫处。"再引《伊川语录》曰："将《论语》诸弟子问处，便作己问；将圣人答处，便作今日耳闻，自然有得。"大处落墨，小处着想，亦平实，亦闳通，异于章句小儒。

《论语》二十篇，开宗明义第一章提一个"学"字，第二章说一个"仁"字，最有意思。学之为言觉也；仁之为言人也。且先教学者觉到自己是个人，做人从何做起，可谓顶门一针，当头一棒。《荀子·劝学》以为学恶乎始？恶乎终？曰："其数则始乎诵经，终乎读礼。其义则始乎为士，终乎为圣人。真积力久则入，学至乎殁而后止也。故学数有终，若其义则不可须臾舍也。为之，人也；舍之，禽兽也。"亦归根一"人"字，"其数则始乎诵经，终乎读礼"，学也。陈澧云："学者何，读书也。""其义则始乎为士，终乎为圣人"，其为人也，"真积力久则入，学至乎殁而后止"，亦勉人以时习之意也。义正相发。

《论语》二十，始《学而》，终《尧曰》，内圣而外王也。内圣之功，以"学而时习"策之于始；外王之治，以"四海困穷"儆之于终，旨深哉！

《论语》一书，标"仁"字以立人道之极，揭"君子"以示人伦之范。子者，男子之通称；君者，善群者也。君子之言，善群之男子也，故曰："君子群而不党。""群"而不党，斯人之所由以耦俱无猜，而讲信修睦，示民之有常者也。仁孰大乎是？《中庸》："仁者，人也。"郑注："人也，读如相人偶之人。"党则有偶有不偶，群则无之而不偶。含宏光大，仁之至也。然谓仁因人偶而见则可，谓非人偶无以见仁，则不可。谓人偶可借以便宜说明仁之见端，则可，谓人偶可附会以释《说文》"仁从人从二"之义则不可。阮文达公以《中庸》"仁者人也"郑注"读如相人偶之人"，遂从《说文》"人二"之义。徐鼎臣说："仁者兼爱，故从二人。"及《曾子制言》"人非人不济"语，以为："独则无偶，偶则相亲。孔门所谓仁也者，以此一人与彼一人相人偶，而尽其敬礼忠恕之谓也。凡仁必于身所行者验之而始见，亦必有二人而仁乃见。若一人闭户斋居，瞑目静坐，虽有德理在心，终不得指为圣门所谓之仁"，而以驳朱子"仁者心之德，爱之理"，斯则拘虚之谈，未免知其一而不知其二。不知《中庸》"仁者，人也"，犹言人之所以为人也，与《孟子》"仁，人心也"语势正同。《孟子》

## 第二讲 论语

加一"心"字，则所以释夫此句者既明矣。牝牡亲子之爱，犬马之所同；立人达人之仁，唯人所独。故曰"仁，人心也"，而非所语于爱。《说文》："仁，亲也，从人从二。"小徐《系传》："从人，二声。"按此当从《系传》。二与仁双声，皆曰母字，《说文》有以双声字为声者，故仁从二得声。古文仁作忎。制字之初，忎本从心，安得借口篆文从人二以难朱子"仁者心之德"，《礼·表记》："仁者，人也"，其下文云："中心憯怛，爱人之仁也。"孔、孟时，小篆未兴，但有从千从心之忎，安有从人从二之仁？言仁必以孔、孟为归，《论语》"其心三月不违仁"，《孟子》"仁，人心也"，"君子以仁存心"，皆以心之德为说，初未尝以相人偶为仁也。必待相人偶而后仁，将独居之时，仁理灭绝乎？夷、齐西山，其意不求人偶，而《论语》"求仁得仁"，又何解也？"我欲仁，斯仁至矣。""为仁由己，而由人乎哉？"何人偶之有？如必待人偶而后仁，是仁乃外来之物。告子以义为外，今更欲以仁为外乎？抑仁有相人偶之义，而郑注读如相人偶之人，只是拟其音，而未诂其义。盖郑注读如之例，与《说文》不同。《说文》字书，其所举者，制字之本义，故读如之字，往往义寓于声，可寻声以得义。郑注乃训诂之书，凡读如者，皆拟其音，非释其义，义则别有训释以明之。段玉裁《周礼汉读考》所立三例至确，如郑注以人相偶为解，当云仁读为，不当云仁读如。读如者，拟其音也。古无反语，故为比方之词。读为者，易其字也。易之以音相近之字，故为变化之词。比方主乎音，变化主乎义。比方不易字，故下文仍举经之本字。变化字已易，故下文辄举已易之字。注经必兼兹二者，故有读如，有读为。字书不言变化，故有读如，无读为。有言读如某读为某而某仍本字者，如以别其音，为以别其义。段玉裁说。云读如，第谓与相人偶之人字同音耳，曷尝以相人偶为仁？郑君注《礼》笺《诗》，屡言人偶，其所取义，皆与仁无涉，朱一新《无邪堂答问》辨之析矣。然必谓仁不可以相人偶为解，则亦近于拘虚。人偶不足以尽仁，而仁未尝不因人偶而见。自消极言之，则曰"克己复礼为仁"，"我不欲人之加诸我也，吾亦欲无加诸人"；而积极言之，则曰"仁者己欲立而立人，己欲达而达人"，然则孔门行仁之方，何必不即人相偶而切近指点也。要之，仁根人心，见于人偶，人偶可以征仁，而不必拘牵郑注，附会许书，以蹈汉学家之作茧自缚尔。

　　读《论语》反覆参阅，因悟以汉儒宋学解《论语》，不如属辞比事，以《论语》解《论语》。如《阳货》子曰："礼云礼云，玉帛云乎哉？乐云乐云，钟鼓云乎哉？"然则礼不云玉帛，乐不云钟鼓，将以何云。参阅《八佾》"人而不仁，如礼何？人而不仁，如乐何？"则知礼乐之本在仁。仁心见于人偶，而人之所以耦俱无猜者，其道必由于交亲相敬。《礼·乐记》："乐者为同，礼者为异。同则相亲，异则相敬。"斯人之所由以相偶，而仁之道也。然《记》又推言礼乐之弊，以为"乐胜则流，礼胜则离"，离则不相亲，流则不相敬，人道或几乎息，而孔子之所深慨。故曰："人而不仁，如礼何？人而不仁，如乐何"也。礼胜则离，故《学而》著有子曰："礼之用，和为贵"，乐胜则流，故又推论"不以礼节，亦不可行"。盖礼之节，必用以乐之和，而后不致繁文缛节，徒为拘苦。然乐之和，必剂以礼之节，而后不致流连荒亡，失之放废。有子此言，或者睹老子废礼之论，而欲以发其蔽。李元度《论语说》曰："有子谓'知和而和'，皆为自放于礼法外者警耳。"

恶不可为也，善亦不可过也。善何以不过，曰：莫如权以礼。子曰："恭而无礼则劳，慎而无礼则葸，勇而无礼则乱，直而无礼则绞。"盖礼者，人己之权界，道德之准绳。《荀子·劝学篇》曰："礼者，法之大分，类之纲纪也。故学至乎礼而止矣。夫是之谓道德之极。"恭与慎，不可谓非道德也，然"恭而无礼则劳，慎而无礼则葸"，斯我难乎其为我矣。勇与直，亦不可谓非道德也，然"勇而无礼则乱，直而无礼则绞"，斯人难乎其为人矣。进不失人，退不失己，并行不缪，顺理成章，其唯礼乎？《记》曰："仁义道德，非礼不成"，此之谓也。朱注殊欠发挥。

子曰："能以礼让为国乎，何有？"朱注："让者礼之实。"刘宝楠《正义》亦用其文，语欠分晓。不知"让"与"礼"有别。《荀子·劝学篇》曰："礼者，法之大分。"《礼论篇》曰："人生有欲，不能无求，求而无度量分界，不能不争。故制礼义以分之。"而《正论篇》则曰："礼义之分尽矣，擅让恶用矣哉？"然则"礼"者法之大分，"让"者礼之过当。分所应得曰礼，辞其固有为让。《记·曲礼上》："退让以明礼。"《疏》："应受而推曰让。"《贾子新书·道术篇》："厚人自薄谓之让。"孔子退让以明礼，故曰"以礼让为国，何有"。荀卿隆礼以薄让，则曰：

"礼义之分尽矣，擅让恶用矣哉？"此其较也。

子曰："上好礼，则民易使。"朱注引谢氏曰："礼达而分定，则民易使。"荀子隆礼，发挥此义最详。何谓分？西哲之所谓权界是已。唯分有群己之分，有尊卑之分。《荀子·劝学篇》曰："礼者，法之大分，类之纲纪。"类，谓人类也。《礼论篇》曰："人生有欲，不能无求，求而无度量分界，不能不争。故制礼义以分之。"《富国篇》曰："人伦并处，同求而异道，同欲而异知，性也。天下害生纵欲。欲多而物寡，离居不相待则穷，群而无分则争。穷者患也，争者祸也，救祸除患，则莫若明分使群。"故曰："礼者，法之大分，类之纲纪。"此之谓分。群己之分，礼达而分定之义一也。《王制篇》曰："分均则不偏，势齐则不一，众齐则不使。有天有地而上下有差，明王始立而处国有制。夫两贵之不能相事，两贱之不能相使，是天数也。势位齐而欲恶同，物不能澹则必争，争则必乱，乱则穷矣。先王恶其乱也，故制礼义以分之，使有贫富贵贱之等，足以相兼临者，是养天下之本也。"《富国篇》曰："礼者，贵贱有等，长幼有差，贫富轻重皆有称者也。人之生也，不能无群，群而无分则争，争则乱，乱则穷矣。故无分者，人之大害也；有分者，天下之本利也。而人君者，所以管分之枢要也。"此之谓分。尊卑之分，礼达而分定之义又一也。宋儒斷斷于尊卑之分，而置群己之分不论，未免于义有漏。

陈氏曰："何平叔《集解叙》云：'今集诸家之善，记其姓名。'朱子《集注》多本于何氏《集解》，然不称某氏曰者，多所

## 第二讲　论语

删改故也。"按朱一新《无邪堂答问》："或引何晏《论语集解》明引其氏，而朱子《集注》不明引以为讥切，则非也。朱子《集注》引宋儒言，无不明著其姓者，此正用何氏《集解》例。唯用前人训诂及何氏《集解》处不尽然。盖朱子以《集解》义理未纯，乃作书以补其阙，非欲人废《集解》。《集解》立在学官，人人肄习，无庸繁复。训诂则博采众家，融以己意，悉著之，将不胜琐屑也。如《集注》：'学之为言效也'，用《广雅》；'习，如鸟数飞也'，用《说文》。《说文》'学，觉悟也'，皇《疏》用此训。朱子恐觉悟之训，易混于释氏，故不用许书而用《广雅》，复截取许书觉字之义，以申《孟子》先觉后觉之说；则尊德性道问学之意，皆在其中。开卷数语，即揭《四书》要义以示人，非苟焉已也。《集注》引《说文》例不举书名，而注《乡党》'訚訚如也'，独明著之。盖因《闵子侍侧章》亦有此言，闵子无诤夫子之理，故但用《说文》'和悦'二字，而《乡党》则全用'和悦而诤'四字，复虑前后之歧出也，特著明于《乡党》，以免后人之疑，其义例之密如此，而近儒犹肆攻诘。不知引书备著出处，近例始严，以为可免暗袭。然暗袭与否，仍视其人，吾见著出处而暗袭尤工者多矣。古惟疏体如是，传注不拘。后郑注《三礼》，有与先郑异义，或径用旧说者，始著之，余不尽尔。何注《公羊》，郭注《尔雅》，袭旧甚多，亦未尝尽著也。"意在表章朱注，与陈氏相发，而说益警切矣。

王弼注《易》，好为俪语，朱注《论语》，尤多排偶。然一精整，一谐畅；魏晋人气息，自与宋人不同。

# 第三讲　孟子

孟子所谓性善者有二界说：一谓人之性善，而不谓物之性善。江都焦循理堂《孟子正义》于《告子·生之谓性章》详发之。一谓人之性善，而不谓人之性纯乎善，则陈氏此记发之。

孟子道性善，尤重扩充。性善者，人之所以异于禽兽也。扩充者，人皆可以为尧、舜也。由性善而扩充之为尧、舜。达则兼善天下，穷则独善其身。七篇之大旨如是，而根本在性善。

孟子道性善，佛亦道性善。唯佛之道性善，普遍于一切众生，以为狗子有佛性也。而孟子道性善，则限于人，而不谓一切众生性善，故有"犬之性，犹牛之性，牛之性，犹人之性"之诘。《告子上》。则是佛之道性善无限，而孟子只限于人也。

公孙丑问夫子加齐之卿相不动心，承上章夫子当路于齐，管仲、晏子之功可复许之问，一意相生。而孟子"以齐王，犹反手"，独以养气为难言，庄子所谓"道之真以治身，其绪余以为国家，其土苴以治天下。帝王之功，圣人之余事"，《庄子·让王篇》。正可于此参消息。

齐宣王问齐桓、晋文之事，而孟子对仲尼之徒，无道桓、文之事；公孙丑道管仲、晏子之功，而孟子对管仲，曾西之所不为，更不论晏子。正是同一贵王贱霸之意。而孟子所以贵王贱霸者，谓以力服人，不如以德服人也。近来孙中山言民族主义而不言国家主义，以为："民族，是由于天然力造成的。国家，是用武力造成的。用中国的政治历史来证明。中国人说王道是顺乎自然。换一句话说，自然力便是王道，用王道造成的团体，便是民族。武力便是霸道，用霸道造成的团体，便是国家。"则是孙中山所以言民族主义而不言国家主义，即本孟子贵王贱霸之论。

梁惠王曰移民移粟，孟子告以养生送死，王道之始；齐宣王问齐桓、晋文，孟子告以恒心恒产，盍反其本。此最着眼，是孟子一生大经纶，而民不赡于救死，奚暇治礼义？民有生而后能治，亦欲生而后求治。孙中山以民生主义要三民主义之终，亦未尝不见及此，而民生主义以平均地权为入手，犹之孟子论仁政必自经界始。《滕文公上》。经界既正，分田制禄可坐而定，所以平均地权也。

尊主庇民，儒与法之所同，然法家以为君主之尊严不可侵犯，是故主独制于天下而无所制也。申子曰："有天下而不恣睢，命之曰以天下为桎梏。"李斯《论督责书》。而儒者则以为君主之所以尊严，以其能群也。如舍群而言，则独夫尔。孟子曰："民为贵，社稷次之，君为轻。"《尽心下》。"贼仁者谓之贼，贼义者谓之残。残贼之人，谓之一夫。闻诛一夫纣矣，未闻弑君也。"《梁惠王下》。夫治以利民，民非以殉治。君以治民，民非以奉君。荀子之言性恶，与孟子异，而孟子之论民贵，与荀子同。《荀子·君道篇》曰："君者何也？曰能群也。能群者何也？曰善生养人者也，善班治人者也，善显设人者也，善藩饰人者也。善生养人者，人亲之。善班治人者，人安之。善显设人者，人乐之。善藩饰人者，人荣之。四统者俱而天下归之，夫是之谓能群。不能生养人者，人不亲也。不能班治人者，人不安也。不能显设人者，人不乐也。不能藩饰人者，人不荣也。四统者亡而天下去之，夫是之谓匹夫。"正与孟子"诛一夫纣，未闻弑君"之义相发。《荀子·正论篇》又曰："诛暴国之君，若诛独夫。汤、武非取天下也，修其道，行其义，兴天下之同利，除天下之同害，而天下归之也。天下归之之谓王，天下去之之谓亡。"乃知《春秋左氏传》"天生民而立之君，岂其使一人肆于民上"，"称国弑君，君无道"之为儒术，而贾逵以为左氏"义深君父"之不免曲学阿世尔。

西洋政论家以君权为神权之化身，中国政论家以民权为神权之背景。《书·泰誓》曰："天视自我民视，天听自我民听。"则是天之视听，胥寄诸民，神权为名，民权其实也。《孟子·万章上》特阐发此义。天子得乎丘民，人归以征天与。西洋立宪国家君主无责任，而中国儒家则以君主有责任，对于天而负责任，谁实课其责任？则人民也。余无以名之，名之曰神权民本主义。近世梁启超《饮冰室文集·论中国学术思想变迁之大势》一文，亦尝论之。

《孟子·滕文公上·有为神农之言者许行章》，当与《论语·微子·子路从而后遇丈人章》参观。丈人之以"四体不勤，五谷不分"讥孔子，犹许行之以"贤者并耕"规滕文公，而皆出于楚，疑楚人自有一种劳农学派。孟子为仲尼之徒，许行即丈人之嗣法，而必托之神农之言者，神农一号炎帝，自为南方之蛮夷大长，生于烈山，在湖北随县北。葬于茶陵，在湖南酃县西。皆古楚地，而以教民稼穑，万世利赖，其观感之系楚人者自深，此劳农学派之所以出楚人，而托之神农之言也。而许行之所为异于孟子者。孟子言必称尧、舜，许行为神农之言，宗主不同，一也。许行劳农自活，孟子通功易事，一不主分功，一主分功，二也。孔子斥樊迟学稼为"小人哉"，正与孟子以大人之事、小人之事对许行，如出一吻。俄哲家托尔斯泰以宣传劳动主义闻于世界，谓"人不可不劳动以自支生活，无论何人，不能有利用他人之劳动而夺其生产之权利。资本主之于工人，地主之于佃户，君主官吏之于人民，皆利用其劳动，而夺其生产，是为人类额汗上之寄生虫。今劳动之人，无一得自由者，而公然抛弃其人间之义务，利用他人之劳动，夺他人生产以生活之特权，则自古至今，犹不能废。拥护此伪特权而为辩护，则伪宗教、伪哲学、伪科学之三者也"。则与许行之斥滕君以厉民自养，先后同揆，而孟子之所谓大人之事，劳心以食于人，不免托氏所讥"人类额汗上之寄生虫"也。故自今日论之，丈人、许行等，略似劳动主义，而孔子、孟子则持分功主义。盖科学上分功之义，说明人类社会为一种有机体，与人之个体同。人之个体，有各种器官以行分功，社会之中，有官吏、有学者、有农工商，亦所以行分功也。而分功之中，以精神与物质为二大分野。官吏、政治家、学者、文艺家，属于精神方面，其他则属于物质方面。依此而论，则劳心者食于人之特权，自不能不承认。唯托尔斯泰则以此种为伪分业，而反对之，其论甚详，不暇备述，要足为数千年前之许行张目尔。

《论语》二十，始《学而》，终《尧曰》，由内圣而推极于外王也；《孟子》七篇，始《梁惠王》，终《尽心》，由外王而洗心于内圣也。由内圣而推极于外王，然后验为学之功大；由外王而洗心于内圣，然后程为学之功密。

"博学于文，约之以礼"，《乐记》云："礼者，理之不可易者也。"须是活看作有条理讲，不必泥煞作礼制威仪看。此孔子治学之法也。"博学而详说之，将以反说约也"，此孟子治学之法也。子贡多学而识，博学也。夫子一以贯之，说约也。《朱子语类》云："尝譬之：一，便如一条索；那贯的物事，便如许多散钱。须是积得这许多散钱了，却将那一条索来一串穿，这便是一贯。若陆氏之学，只是要寻这一条索，却不知道都无可得穿。"其论一贯之必由多识，以征说约之先以博学，可谓罕譬而喻。自古学问而有成，未有不如此。如不博学而求说约，只是幻想，岂有真见，宋学之末流也。但博学而不说约，徒见断片，不成条贯，清学之琐碎也。陈氏此记成于晚年，旁推交证，立言有宗，庶几博学而说约，多识以一贯者乎？

《论语》三言两语，辞尚体要；《孟子》长篇大论，厥势雄放。《论语》多体验于人伦日用，《孟子》却高论于性天杳冥。一平实，一高朗。然不平实而高朗，好高骛远，便蹈驾空之弊。读《论语》后，乃读《孟子》，方无流弊。

昔刘炫以孔子自作《孝经》，乃假曾氏之言，以为对扬之体。而陈氏则谓孟子书，诸弟子问，而孟子答之，多客主之辞，乃战国文体。皆以师弟对问，匪为事实，同于庄生之寓言，《楚辞》之设问。虽无征信，而有思致。

# 第四讲　周易

清儒好明《易》象，而陈氏独切人事以明义。清《易》多宗虞翻，而陈氏独称辅嗣以忘象。其说易揭丁宽、费直为法，不采郑玄之爻辰，尤斥孟京纳甲卦气之说，以为纳甲卦气，皆《易》之外道。赵宋儒者辟卦气而用先天，近人知先天之非矣，而复理纳甲卦气之说。不亦唯之与阿哉？

按《汉书·儒林传》称："鲁商瞿子木受《易》孔子，以授鲁桥庇子庸，子庸授江东馯臂子弓，子弓授燕周丑子家，子家授东武孙虞子乘，子乘授齐田何子装，子装授梁丁宽子襄，而宽授同郡砀田王孙，王孙授施雠、孟喜、梁丘贺，由是《易》有施、孟、梁丘之学。"则是施、孟、梁丘之学，出于丁宽也。而传称其"作《易说》三万言，训故举大谊而已"，自商瞿至丁宽六传，而其说不过如此，此先师家法也。是为《易》之正传。而《儒林传》又称："孟喜好自称誉，得《易》家候阴阳灾变书，诈言师田生且死时，枕喜膝，独传喜，诸儒以此耀之。博士缺，众人荐喜。上闻喜改师法，遂不用喜。""京房受《易》梁人焦延寿。延寿云：'尝从孟喜问《易》。'会喜死，房以为延寿《易》即孟氏学，翟牧、白生不肯，皆曰：'非也。'至成帝时，刘向校书，考《易》说，以为诸家《易》说皆祖田何、杨叔、丁将军，大谊略同，惟京氏为异，党焦延寿独得隐士之说，托之孟氏，不与相同。"则是《易》家以阴阳灾变为说，首改师法而不用训诂举大谊者，始于孟而成于焦、京。孟氏无传书，《焦氏易林》十六卷，《京氏易传》三卷，《四库全书》皆以隶术数类，盖《易》学之别传云。

汉《易》之端绪略可考者：京房、虞翻可以征孟喜，郑玄、王弼可以觇费直。孟喜，今文；费直，古文也。宋儒胡瑗、程颐本王注以发义理，清学惠栋、张惠言治虞《易》以究象数。虞翻，吴人，王弼，魏人，皆三国之《易》家也。王注参以老聃之玄说，虞《易》杂以《参同契》之丹法，皆道家之言也。譬之鲁、卫之政，而必主奴彼此，徒见其矫为立异耳。

费直《易》传于马融、郑玄、荀爽；王弼、郑出于马，王近于荀。荀悦《汉纪》云："臣悦叔父故司空爽，著《易传》，据爻象承应阴阳变化之义，以十篇之文解说经义。"其说略见唐李鼎祚《周易集解》，大抵究爻位之上下，辨卦德之刚柔。王弼尽扫象数而独标卦爻承应之义，盖本于此。《太平御览》引颜延之《庭诰》曰："马、陆绩得其象数而失其成理，荀、王举其正宗而略其象数。"李鼎祚《周易集解序》云："王、郑相沿，颇行于代。郑则多参天象，王乃全释人事。且《易》之为道，岂偏滞于天人者哉？"郑、王之臧否，即征马、荀之优劣焉。

孔颖达《正义》疏王注，李鼎祚《集解》主虞义。一阐魏学以开宋儒胡、程义理之先河，一明吴《易》以为清学惠、张言象数之前导，而皆出于唐。

汉《易》两派，一派训故举大谊，丁宽、《易说》三万言，训故举大谊。费直亡章句，徒以彖象系辞十篇解说《上下经》。是也。一派阴阳候灾变，孟喜、京房是也。宋《易》亦分两派，一派图书，刘牧《易数钩隐图》三卷、邵雍《皇极经世》十六卷，是也。一派义理，倪天隐、胡瑗《口义》十二卷、程颐《易传》四卷、杨万里《诚斋易传》二十卷，是也。至朱子为《周易本义》十二卷，则阐康节之图书，以补程《传》之未逮，不名一家，盖欲观其通焉。

清《易》三家，曰：元和惠栋定宇，武进张惠言皋闻，江都焦循理堂。自惠氏首考古义孟、京、荀、郑、虞氏，作《易汉学》八卷，又撰《周易述》二十三卷，以李鼎祚《周易集解》为本，而稍增损之。其所述大抵宗祢虞氏，而有不通，则旁征荀爽、郑玄、宋咸、干宝，未为专家也。至张惠言乃独取虞注而明其统例，信其亡阙，为《周易虞氏义》九卷，又明其大指，为《消息》二卷，以存一家之学。焦循说《易》，独辟畦町，以虞氏之旁通，兼荀氏之升降，意在采汉儒之长而去其短，撰《易通释》二十卷，复提其要，为《易图略》八卷，而于孟氏之卦气，京氏之纳甲，郑氏之爻辰，皆驳正之，以示后学。又撰《易章句》十二卷，简明切当。学者先玩《章句》，再考之《通释》《图略》，则于《易》有从入之途，无望洋之叹矣。

清儒言《易》者，好张孟之卦气，京之纳甲，郑之爻辰，而必斥宋儒邵子之先天图以为谬说，则诚可谓知其一而不知其二。不知先天出于纳甲，纳甲出于纳音，纳音出于纬书，其见于古籍者，历有明征。隋萧吉《五行大义》引《乐纬》。孔子曰："某吹律定姓，一言得土曰宫，三言得火曰徵，五言得水曰羽，七言得金曰商，九言得木曰角。"亦见《南齐书·乐志》。此纳音之法，与《抱朴子·仙药篇》引《玉策记》《开名经》正同，与《礼记·月令·正义》引《易林》亦合。萧吉阐其说甚详。纳甲之出震见丁，盈甲退辛，消丙灭乙，义本诸此。后儒唯沈括《梦溪笔谈》，卷五论纳音，卷七论纳甲。钱大昕《潜研堂集》，卷一《纳音说》。能明其故。焦循《易图略》知之而又疑之，盖欲斥汉儒以自张其学耳。其论纳甲，皆未达虞氏之意。纳甲之法，详见虞翻《易注》李氏《集解》引。及魏伯阳《参同契》。按京氏《易传》云："甲壬配外内二象，陆绩注："乾为天地之首，分甲壬，入乾位。"分天地乾坤之象，益之以甲乙壬癸。震巽之象配庚辛，坎离之象配戊己，艮兑之象配丙丁。"又云"三者，东方之数。东方，日之所出。四者，西方之数。西方，日之所入。言日月终天之道，奇耦之数。取之于乾坤者，阴阳之根本。坎离者，阴阳之性命"。其言与《参同契》皆合，是纳甲出于京氏无疑。《太平御览》引京氏《易说》云："月与星，至阴也，有形无光，日照之，乃有光。喻如镜，照日即有影见。月初光见西方，以后望光见东方，皆日所照也。"《参同契》

之言，尤与《虞注》及《先天图》若合符节。邵子《观物外篇》："震始交阴而阳生，巽始消阳而阴生。兑，阳长也。艮，阴长也。震兑，在天之阴也。巽艮，在地之阳也。故震兑上阴而下阳，巽艮上阳而下阴。乾坤定上下之位，坎离列左右之门。天地之所阖辟，日月之所出入，春夏秋冬，晦朔弦望，昼夜长短，行度盈朒，莫不由此。"此即纳甲之义。熊朋来《经说》、胡渭《易图明辨》、陈寿熊《读易汉学私记》皆已言之。陈氏疏证尤明确。邵子谓图皆自中起，即京氏《易传》所谓坎离之象配戊己也；乾南坤北，即陆绩注所谓"乾坤分甲乙壬癸，阴阳之终始"也。乾南坤北之位，惠士奇《易说》误以方位为方向，而反疑邵图为误。钱大昕《养新录》亦然。果如惠氏、钱氏之说，将言天象者，鹑火必易置北方而后为向南，元武当易置南方而后为向北乎？至于离东坎西，即《参同契》所谓"坎离匡廓，运谷正轴"，为"乾坤二用"也。其方位不尽同者，即《参同契》所谓"二用无爻位，周流行六虚，往来既不定，上下亦无常"，朱子《考异》托名邹䜣作。所谓"甲乙丙丁庚癸，以月之昏旦出没言之，非以分六卦之方"也。不然，虞注既言"乾坤列东，艮兑列南，震巽列西，坎离列中"，《系辞》"八卦成列"注。何又言"震春兑秋坎冬离夏"？"两仪生四象"注。惠栋辈以此为疑，则虞义先不可通，乃独疑邵子耶？《朱子语类》："《先天图》传自希夷，希夷又自有所传，盖方士技术用以修炼，《参同契》所言是也。"又曰："伯阳《参同契》，恐希夷之学，有些是其源流。"又曰"《先天图》直是精微，不起于康节，希夷以前原有，只是秘而不传，次第是方士辈相传授，《参同契》中亦有些意思相似。"又曰："《先天图》与纳甲相应，故季通言与《参同契》合。"朱子明知此图传自道家，而仍用以注《易》者，盖欲备一家之学，为占验设也。先天本于纳甲，宋儒固明言之，其传自道家，宋儒亦并未讳言之。毛奇龄、朱彝尊之徒，不喜宋儒，借此以肆攻讦，无足深辨。京、焦之学，虽云传自孟长卿，而《班史·儒林传》已著疑词，谓延寿觊独得隐士之说，托之孟氏，所云得之隐士者，与《先天图》得自陈希夷略同，皆教外别传，非《易》本旨。然《班史》称孟长卿得《易》家候阴阳灾变书，诈言师田生且死时独传喜，上闻喜改师法，遂不用，据此，知孟氏之学，已非尽《易》之本旨，况京、焦乎？但《易》无象数无以命占，故自来言象数者，能合于占验，即可自为一家之学。若卦气，若九宫，若纳甲，若爻辰，若先天，皆《易》之支流余裔，推衍繁密，附会闳多，先儒取其说之近理者以为《易》家占候。近人好言象数，而不能施之于占候，特重佁耳。此外言数者，唯河洛所托最尊，其数亦出自然，故太乙九宫，明堂则之。见《大戴礼·盛德篇》。宋儒言图书者，本之《大戴记》注言"九室法龟文"，而刘牧互易图、书之数，盖以图与书同为九宫故也。《五行大义》引《黄帝九宫法》曰："戴九履一，左三右七。二四为肩，六八为足。五居中宫，总御得失。其数则坎一，坤二，震三，巽四，中宫五，乾六，兑七，艮八，离九。太乙行九宫法从一始。"《乾凿度》郑注略同。又云："天一之行，始于离宫。太乙之行，始于坎宫。"按此篇皆据《洪范》九畴以立说，九畴，先儒以为即《洛书》，孔安国、刘歆、马融皆有此说，故卢辩注《大戴记·明堂篇》谓九室法龟文。徐岳《数术记》遗有九宫算，甄鸾注与《五行大义》所引说同。宋人之图，自有所本，孙星衍谓宋人误以太乙九宫为《洛书》，非也。《五行大义》又云："天一，地二。天三，地四。天五，地六。天七，地八。天九，地十。天地之数，合五十有五。九宫用者，天除一，地除二，人除三，余四十有九，以当蓍策之数。又四时除四，余四十五。五者五行，四十者，五行之成数。"《乾凿度》云："《易》变而为一，一变而为七，七变而为九。九者，气数之究也，乃复变而为一。"与《列子·天瑞篇》同。又云："阳以七，阴以八为象。《易》一阴一阳，合而为十五之谓道。阳变七之九，阴变八之六，亦合之十五，则象变之数若一。阳动而进。变七之九，象其气之息也。阴动而退，变八之六，象其气之消也。故太乙取其数以行九宫，四正四维，皆合于十五。"郑注亦引"天一地二"以释之。谓："一变为七，是今阳爻之象；七变为九，是今阳爻之变；二变为六，是今阴爻之变；六变为八，是今阴爻之象。七在南方，象火；九在西方，象金；六在北方，象水；八在东方，象木。"其言方位进退，与宋人所言《河图》之数，一一吻合。《后汉书·刘瑜传》谓"《河图》授嗣，正在九房"，九房者，明堂九室也。盖"天一地二"以下二十字，为《河图》之数，圣人则之以演《易》，"初一曰五行"以下六十五字，为《洛书》之数，圣人则之以演畴，故孔安国谓："《河图》，则八卦是也。《洛书》，则九畴是也。"见《易·系辞正义》。刘歆云："伏羲氏继天而王，受《河图》而画之，八卦是也。禹治洪水，锡《洛书》法而陈之，《九畴》是也。《河图》《洛书》相为经纬，八卦九章相为表里。"见《汉书·五行志》此即宋儒《书》亦可为《易》，《图》亦可为《范》之说也。又《礼运·疏》引《中侯握河纪》云："伏羲氏有天下，龙马负图，出于河，遂法之画八卦。《龟书》，洛出之。"《宋书·符瑞志》："伏羲受《龙图》，画八卦，所谓河出《图》者也。禹时洛出《龟书》六十五字，是谓洛出《书》者也。"汉儒相传古义如此。宋儒不取《纬书》，故不得二图之来历，而其图则远有端绪，并非宋人所臆造也。关子明《易传》言图书，与《乾凿度》《五行大义》皆同。关《易》世以为阮逸伪作，然阮逸亦是宋仁宗时人，在邵子前。大抵治《易》者不言象数则已，言象数则易流于术数。当西汉时，卦变之说未兴，其言《易》以阴阳灾变为主。故卦气之学，流传最远。自是厥后，言《易》而近术数者三家，卦气主日，纳甲主月，爻辰主星，皆言天象以明人事。扬子云用《三统历》，衍《太玄》以明《易》。汉儒家法本自如此，然其源皆出于《纬书》，《纬书》多汉人附益，非尽七十子后学者所记也。汉儒以卦气、纳甲明消息，而以消息为伏羲十言之教，其说亦出于纬，与康节之《先天》托诸伏羲意同。凡言数学者皆如此。卦气见《易纬稽览图》。爻辰之法，详见《五行大义》，谓"天有九星，地有九州，以二十八宿分系于九宫。其星则天蓬、天辅等名"，今太乙壬遁所用者也。《楚辞·九辨序》：

## 第四讲　周易

"天有九星，以正机衡。"刘向《九叹》："讯九魌与六神。"王逸注："九魌，北斗九星也。"盖斗为天枢，运乎中央，临制四乡。测算家用七星，占验家则用九星以应九州。其术流传颇古，而每为后世道家所篡取。《南齐书·高帝纪》论太乙九宫之法，与今术士所用正同。《隋志》有费长卿《周易分野》一卷，即爻辰所从出，钱大昕《潜研堂集》中《答问》已言之。纳甲本于纳音，爻辰本于九宫，九宫纳音之法，今太乙壬遁、星卜堪舆、时日小数，无不用之，盖术数家皆自托于《易》，本古法以为推衍，故能流传后世，缪悠之言，宜为儒者所弗道。但九宫贵神诸说，乃术家所附会，固不得因此而并疑《河洛》也。《系辞》"五位相得，而各有合"虞注云云，正与先天说同。以"天地定位"四语合于纳甲，不自邵子始。唯虞注于"帝出乎震"章，亦以纳甲释之，兑西坎北，义不可通，因释以二三爻失位，未免牵凑。邵子知其然，乃分先后天以圆其说，用意甚巧，而托之伏羲，致启后人之疑。然谓《易》无先后天之分，可也，谓先天之学，无与于象数，不可也。谓朱子《本义》不当冠以九图，可也，谓九图不源于汉儒，不可也。汉学家非不知先天纳甲，同出一源，第恶宋儒而尊虞氏，遂讳言之。岂知卦气飞伏，九宫纳甲，爻辰先天，皆非《易》所本有，昔人特为占验而设，故其法每为术士所篡。王弼、程子专明义理，《易》道始尊，后遂立于学官，从之者自无流弊。近儒严斥先天，谓非《易》之本旨，是已，乃复附会爻辰，推尊纳甲，左右佩剑，庸有异乎？至《河图》《洛书》，即非作《易》本旨，亦是汉儒相传古义。朱一新《无邪堂答问》论之审矣，删次其说，以资参证焉。

《易》道渊深，包罗众义，随得一隙，皆能宛转关通，有所阐发，岂徒阴阳五行，图书占验，可一一授《易》以为说，乃至宋儒王宗传景孟以禅宗明《易》，成《童溪易传》三十卷，明释智旭以《易》理参禅，成《周易禅解》十卷。近人侯官严复又陵序其所译英儒赫胥黎著《天演论》则又据《易》理以阐欧学，其大指以为："欧学之最为切实，而执其理可以御蕃变者，名、数、质、力四者之学是已。而吾《易》则名数以为经，质力以为纬，而合而名之曰《易》。大宇之内，质力相推。非质无以见力，非力无以呈质。凡力，皆乾也。凡质，皆坤也。奈端动之例三：其一曰：'静者不自动，动者不自止。动路必直，速率必均。'此所谓旷古之虑。自其例出。而后天学明，人事利者也。而《易》则曰：'乾，其静也专，其动也直。'后二百年，有斯宾塞尔者，以天演自然言化，著书造论，贯天地人而一理之，此亦晚近之绝作也。其为天演界说曰：'翕以合质，辟以出力，始简易而终杂糅。'而《易》则曰：'坤，其静也翕，其动也辟。'至于'全力不增减'之说，则有自强不息为之先。'凡动必复'之说，则有'消息之义'居其始。而'《易》不可见，乾坤或几乎息'之旨，尤与'热力平均，天地乃毁'之言相发明。"可谓有味乎其言之也。然严氏尚非《易》家也，不过为阐易道以欧学者之大辂椎轮尔。至海宁杭辛斋出，耽研《易》义，博及诸家传注，而搜藏言《易》之书六百二十余种，并世之言《易》藏者莫备焉。著有《易楔》六卷，《学易笔谈》初集、二集各四卷，《易数偶得》二卷，《愚一录易说订》二卷，《读易杂说》一卷，《改正揲蓍法》一卷。其平日持论以为："《易》如大明镜，无论以何物映之，莫不适如其本来之象。如君主立宪，义取亲民，为《同人》象；民主立宪，主权在民，为《大有》象；社会政治，无君民上下之分，为《随》象。乃至日光七色，见义于白《贲》；微生虫变化物质，见象于《蛊》。又如《系辞传》言：'坤，其静也翕，其动也辟'，而所谓'辟'者，即物理学之所谓离心力也；'翕'者，即物理学所谓向心力也。凡物之运动，能循其常轨而不息者，皆赖此离心、向心二力之作用。地球之绕日，即此作用之公例也。凡近世所矜为创获者，而《易》皆备其象，明其理于数千年之前。盖理本一源，数无二致。时无古今，地无中外，有偏重而无偏废。中土文明，理重于数，而西国则数胜于理。重理，或流于空谈而鲜实际；泥数，或偏于物质而遗精神。唯《易》则理数兼赅，形上道而形下器，乃足以调剂中西末流之偏，以会其通而宏其指。"此则推而大之，以至于无垠，而异军突起，足为《易》学辟一新途者焉。

# 第五讲　尚书

清儒疑《古文尚书》为晋梅赜作，然按《汉书·谷永传》永上封事引经曰："亦惟先正克左右。"师古注："《周书·君牙》之辞也。"《君牙》乃今孔传之一篇，不特伏生今文无之，即马、郑逸书亦无之。而陈寿《三国志·蜀志》，先主上言用"恶直丑正，实繁有徒"。《吴志》骆统上疏引："众非后，无能胥以宁；后非众，无以辟四方"，又陆抗疏："与其杀不辜，宁失不经"，皆出《古文尚书》。湘潭王闿运壬秋《湘绮楼日记》历举之。假云梅赜作，不应西汉、三国时人已引其文也。又疑《孔安国传》出王肃作。然案《禹贡》"三百里蛮"，《传》云："以文德蛮来之"，孔颖达《疏》："郑云'蛮者，听从其俗，羁縻其人耳，故云蛮，蛮之言缗也。'王肃云：'蛮，慢也，礼义简慢。'与孔异。"《洪范》"农用八政"《传》曰："农，厚也。厚用之，政乃成。"孔颖达《疏》："郑云：'农，读为醲。'则农是醲意，故为厚也。张晏、王肃皆言'农，食之本也。食为八政之首，故以农言之。'然则农用止为一食，不兼八事，非上下之例，故传不取。"此皆《传》与郑说同，而与王肃说不同，则似非王肃所作也。陈氏此记，亦明论之。假云王肃、梅颐之说而信？"置其为假托之孔安国，而论其为魏晋间人之传，则未尝不与何晏、杜预、郭璞、范宁等先后同时。"焦循《尚书补疏序》。不唯言多近理，而去古未远，训诂终有所受。嘉定王鸣盛西庄作《尚书后案》三十卷，力屏《古文尚书》孔安国之伪，而于马、郑、王注之外，仍列孔《传》。吴县江声艮庭作《尚书集注音疏》十二卷，搜录汉人旧说，而于孔《传》亦多取之。阳湖孙星衍渊如撰《尚书今古文注疏》三十卷，屏孔《传》而缀辑马、郑，然今文二十八篇，不能不有取诸孔《传》之经。至钱塘张尔田孟劬著《史微》，乃谓伏生《尚书大传》乃孔子口说之微言大义，而孔安国传《古文尚书》，则旧史相传之传记耳。

清儒太原阎若璩百诗撰《古文尚书疏证》八卷，力斥《古文尚书》《孔安国传》之伪，其说实发于宋吴棫、朱子。而金坛段玉裁懋堂为戴东原《年谱》云："国朝言地理者，于古为盛，有顾景范、顾宁人、胡朏明、阎百诗、黄子鸿、赵东潜、钱晓征，而先生乃皆出乎其上。盖从来以郡国为主而求其山川，先生则以山川为主而求其郡县。"极意扬诩，而不知其法亦本于宋儒。郑樵《通志·地理志略》云："州县之设，有时而更。山川之形，千古不易。所以《禹贡》分州，必以山川定经界。使兖州可移，而济河之兖州不可移。使梁州可迁，而华阳黑水之梁州不可迁。是故《禹贡》为万世不易之书。"盖即戴震以山川而求郡县之所自昉也。

宋儒之说《禹贡》者，自程大昌撰《禹贡论》五卷、《后论》一卷、《山川地理图》二卷外，以傅寅《禹贡说断》四卷为最著，刊入纳兰容若《通志堂经解》，其说最为清儒所取。清儒自德清胡渭朏明撰《禹贡锥指》二十卷、《图》一卷外，以宝应成孺芙卿《禹贡班义述》二卷为最精。《汉书·地理志》言"推表山川"，本释《禹贡》，两汉经师遗说多其中。成氏据以释本经，最得家法，援据精博，专门之学也。又以《班义述》详于考古，乃复拟撰《禹贡今地释》一书，首取今地释汉地，更取汉地证禹迹，期补前书之未备，而未成书。当涂徐文靖位山《禹贡会笺》十四卷，简而甚疏，其依胡氏《锥指》以立义者，亦多有之。《锥指》体大思精，错误亦复时有，不足为病也。

说《禹贡》者，必据《汉书·地理志》，顾其书简奥，非有疏证，不能通其说，郦道元《水经注》，即班《志》之义疏也。朱子言："两山之间，必有大川，两川之间，必有大山。水道通，斯山脉可得而理。"然山势终古不易，水道随时变迁，不证今，无以考古。天台齐召南次风撰《水道提纲》三十卷，溯源竟委，了如指掌，盖可为证今之索引云。

《汉书·五行志》与《尚书·洪范》相表里。《洪范》以庶征为五事之应，伏生《五行传》以五事分配五行，又以皇极与五事为六，又以五福六极分配之。《汉书·五行志》云："董仲舒治《公羊春秋》，始推阴阳。刘向治《榖梁春秋》，传以《洪范》，与仲舒错。至向子歆，治《左氏传》，其《春秋》已乖矣，言《五行传》又颇不同。"此如孟、京之为《易》外别传，而非本真如此。故伏生《大传》四十一篇，而《洪范五行传》别出为书也。

宋儒蔡沈撰《洪范皇极内外篇》五卷，远出《易乾凿度》，近宗《皇极经世》，邵雍撰。又与刘向不同。刘向借五行而衍机祥，蔡沈衍九畴以明术数。

《尚书》之学，伏《传》一变而郑注，再变而孔《传》，三变而蔡《传》，伏生有《大传》今文。郑注出缀辑。古文。孙星衍辑《尚书马郑注》十卷，焦循有《禹贡郑注释》二卷。《古文尚书》《孔安国传》十三卷，《蔡沈书集传》六卷，皆全书存。唐孔颖达《尚书正义》二十卷，为孔《传》作疏。宋史浩《尚书讲义》二十卷，以《注疏》为主。黄度《尚书说》七卷，以孔《传》为主。陈经《尚书详解》五十卷，采取注《疏》，参以新意。魏了翁《尚书要义》十七卷，摘《注疏》中精要之语。胡士行《尚书详解》十三卷，以孔《传》为主而存异说于后。皆宗孔《传》者也。元陈栎《尚书集传纂疏》六卷，采辑诸家，疏通蔡《传》。董鼎《尚书辑录纂注》六卷，以蔡《传》为主，继以《朱子语录》，谓之辑录。附以诸家之说，谓之纂注。陈师凯《书蔡传旁通》六卷，名物典制补蔡《传》之遗。王天与《尚书纂传》四十六卷，虽列《注疏》居前，而大旨以朱子之说为主。朱祖义《尚书句解》十三卷，株守蔡《传》。明胡广等《书传大全》十卷，剿陈栎纂《疏》、陈师凯《旁通》之说。王樵《尚书日记》十六卷，以蔡《传》为主，采旧说补所未备。清康熙钦定《书经传说汇纂》二十四卷，亦主蔡《传》而兼采古义。皆本蔡沈《书集传》，其说原出朱子，而与朱子颇有异同。大抵南宋以前之说《书》者，多守孔《传》，而南宋以后之说《书》者，咸本蔡学。逮于清代，有据蔡《传》以攻孔《传》者，如阎若璩《尚书古文疏证》，是也。有据孔《传》以攻蔡《传》者，如萧山毛奇龄西河撰《尚书古文冤词》八卷，是也。有据马、郑而攻孔《传》、蔡《传》者，如江声《尚书集注音疏》、孙星衍《尚书今古文注疏》、王鸣盛《尚书后案》，是也。然则《尚书》家当以郑注、孔《传》、蔡《传》为三大宗矣。

《尚书》家，有训诂名物、考证典制者，如唐孔颖达之《尚书正义》二十卷，宋林之奇《尚书全解》四十卷，元黄镇成之《尚书通考》二十卷，陈师凯之《书蔡传旁通》六卷，及清衡阳王夫之而农之《书经稗疏》四卷，是也。有议论得失，推究治乱者，如宋苏轼之《东坡书传》十三卷，黄度之《尚书说》七卷，是也。《尚书》古史，说者自以实事求是为宜，或训诂名物，考证典制；或论议得失，推究治乱；皆《尚书》中应有之义也。顾亦有运实于虚、畅发心学者，如宋杨简之《五诰解》四卷，袁燮之《絜斋家塾书钞》十二卷，提撕本心，其传原出陆九渊，是亦一大派。

殷虚甲骨者，逊清光绪戊戌己亥间，河南安阳县西北五里之小屯。洹水厓岸，为水啮而崩，得龟甲牛骨，镌古文字，所记皆殷先王室所卜祭祀征伐行幸田猎之事；故殷先公先王及土地之名，所见甚众。上虞罗振玉叔言撰《殷虚书契考释》，兼及书契中所见之人名地名及制度典礼，审释殷帝王名号。海宁王国维静安缵成其业，成《殷卜辞中所见先公先王考》《续考》及《殷周制度论》各一卷，以甲骨文证补《尚书》，而治《尚书》者辟一新途径，为好事之所诵说。其尤得意者，商自成汤以前，绝无事实，《史记·殷本纪》，唯据《世本》纪其世次而已，而《尚书》尤不少概见。王氏于卜辞中发见王亥、王恒之名，复据《山海经》《竹书纪年》《楚辞·天问》《吕氏春秋》中之古代传说，于荒诞之神话中，求历史之事实，更由甲骨断片中发见上甲以下六代之世系，与《史记》纪表颇殊。又王氏之《殷周制度论》，从殷之祀典世系以证嫡庶之制，始于周之初叶，由是对周之宗法丧服及封子弟尊王室之制，为有系统之说明，有裨于古史不鲜。瑞安孙诒让仲容始治甲骨文，成《契文举例》二卷。以《说文》董理甲骨，而以甲骨证补《尚书》，则成功于王国维。

# 第六讲　诗

陆德明《经典释文·叙录》曰"鲁人申公受《诗》于浮丘伯，以《诗经》为训故以教，无传，疑者则阙不传，号曰《鲁诗》。"又称："《毛诗》者出自毛公。一云子夏传曾申，申传魏人李克，克传鲁人孟仲子，孟仲子传根牟子，根牟子传赵人孙卿子，孙卿子传鲁人大毛公，毛公为《诗故训》传于家，以授赵人小毛公。"而《汉书·楚元王传》云："申公受诗于浮丘伯。伯者，孙卿门人也。"则是《鲁诗》与《毛诗》俱出孙卿，而传自子夏。《释文》引沈重云："按《郑诗谱》意，《大序》是子夏作，《小序》是子夏、毛公合作。卜商意有不尽，毛更足成之。"《仪礼·乡饮酒礼》贾公彦《疏》以"《南陔》，孝子相戒以养也"之类。是子夏序文，其下云："有其义而无其辞"是毛公续序，与沈重足成之说同。大抵以为《小序》首句是子夏作也。观蔡邕本治《鲁诗》，而所作《独断》，载《周颂·清庙》一章八句，洛邑既成，诸侯朝见，宗祀文王之所歌也；《维天之命》一章八句，告太平于文王之所歌也"云云，三十一篇之序，皆只有首二句或三句，与《毛诗》序文有详略而大指略同。盖《诗》自子夏五传至孙卿，大毛公受之，以授赵人小毛公，则为《毛诗》。浮丘伯受之，以授鲁人申公，则为《鲁诗》。以师传同门而异户，故序指大同而小异也。采《四库提要》说。诸家所引《韩诗》，如"《关雎》，刺时也。""《汉广》，说人也。""《汝坟》，辞家也。""《芣苢》，伤夫有恶疾也。""《黍离》，伯封作也。""《蟋蟀》，刺奔女也。""《溱与洧》，说人也。""《鸡鸣》，逸人也。""《夫栘》，燕兄弟也。""《伐木》，文王敬故也。""《鼓钟》，刺昭王也。""《宾之初筵》，卫武公饮酒悔过也。""《抑》，卫武公刺王室以自戒也。""《假乐》，美宣王之德也。""《云汉》，宣王遭乱仰天也。""《雨无极》，正大夫，刺幽王也。""《四月》，叹征役也。""《閟宫有侐》，公子奚斯作也。""《那》，美襄公也。"文格皆与《毛诗序》首句一例。而《唐书·艺文志》称："《韩诗》二十二卷，卜商序，韩婴注"，是《韩诗》亦有序，其序亦出子夏也。顾《韩诗》遗说之可考见者，往往与《毛序》异。采《四库提要》说。《齐诗序》不可考。

说《诗》者不出宗序、攻序二派。唐孔颖达撰《毛诗正义》四十卷，成伯玙撰《毛诗指说》一卷，宋范处义撰《诗补传》三十卷，吕祖谦撰《家塾读诗记》三十二卷，吕氏此《记》以小序为主，博采诸家，存其名氏，先列训诂，后陈文义，剪裁贯串，如出一手，后来说诗者多宗之。若论毛学，于孔《疏》外别自名家者，唯吕此《记》。林

## 第六讲 诗

昌撰《毛诗讲义》十二卷,严粲撰《诗辑》三十六卷,以吕氏《读诗记》为主,而杂采诸家以发明之。明李先芳撰《读诗私记》二卷,以毛、郑为宗,参取吕氏《读诗记》、严氏《诗辑》。朱谋㙔撰《诗故》十卷,清乾隆《御诗撰义折中》二十卷,以及吴江朱鹤龄长孺撰《诗经通义》十二卷,力驳废序之说,以毛、郑为主,唐用孔颖达,宋用欧阳修、苏轼、吕祖谦、严粲,清用陈启源,博采众家。陈启源长发撰《毛诗稽古编》三十卷。训诂主《尔雅》,篇义准小序,而诠释经旨则一准诸《毛传》,佐以《郑笺》。皆宗序者也。至宋朱子撰《诗集传》八卷,其初稿亦用小序,及见郑樵所作《诗辨妄》,遂改从之,而攻小序。杨简撰《慈湖诗传》二十卷,亦不信小序,并《左传》、《尔雅》、郑玄《笺》、陆德明《释文》皆遭诋斥。辅广撰《诗童子问》十卷,发明《集传》,掊击小序,更过朱子。朱监编《诗传遗说》六卷,采朱子《文集》《语录》论《诗》之语,辑为此诗,以为《集传》参证。元刘瑾撰《诗传通释》二十卷,意在发明朱《传》,而卜序之是非置不甚论。朱公迁撰《诗经疏义》二十卷,于朱《集传》如毛《故训传》之有疏,故曰疏义。刘玉汝撰《诗缵绪》十八卷,缵朱《集传》之绪而发明之。梁寅撰《诗演义》十五卷,演朱《集传》之义。明胡广等撰《诗集传大全》二十卷,袭刘瑾《通释》而稍点窜成书。皆攻序者也。大抵唐以前,咸宗毛、郑以用《小序》;而元明之际,则从朱传以攻《小序》,而宋其转关,其中亦有和气平心,以意逆志,不宗序,亦不攻序者,则有宋欧阳修撰《毛诗本义》十六卷,自唐定《五经正义》以后,与毛、郑立异同者,自此书始,然修不曲徇毛、郑,

039

亦不诋毛、郑也。苏辙撰《诗经传》二十卷，王质撰《诗总闻》二十卷，戴溪续《吕氏家塾读诗记》三卷，不墨守小序，与吕《记》小异。明姚舜牧撰《诗疑问》十二卷，张次仲撰《待轩诗记》八卷，朱朝瑛撰《读诗略记》六卷，清康熙钦定《诗经传说汇纂》二十卷，《序》二卷，桐城钱澄之饮光撰《田间诗学》十二卷，长洲惠周惕元龙撰《诗说》三卷，江阴杨名时宾实撰《诗经劄说》一卷，会稽范家相蘅洲撰《诗渖》二十卷，象山姜炳章石贞撰《诗序》补义二十四卷，常熟顾镇备九撰《虞东学诗》十二卷，则又于宗序、攻序二派之外，各自名家者焉。

汉兴，鲁申公为《诗训故》，而齐辕固、燕韩婴皆为之传，《韩诗》今存《外传》十卷，齐、鲁《诗》亡，独《毛诗故训传》存。郑《笺》宗毛，而有不同，《毛传》不破字，而郑《笺》多破字。又有从韩、鲁说者，如《唐风》"素衣朱襮"，以绣黼为绡黼；《十月之交》为厉王诗；《皇矣》侵阮徂共为三国名，皆从《鲁诗》。《衡门》"可以乐饥"，以乐为瘵；《十月之交》"抑此皇父"，抑读为意；《思齐》"古之人无斁"，斁作择；《泮水》"狄彼东南"，狄作鬄，皆《韩诗》说。详见陈启源《毛诗稽古编》。《后汉书·玄本传》称："从东郡张恭祖受《韩诗》。"《六艺论》云："注《诗》宗毛为主，毛义若隐略，则更表明；如有不同，即下己意。""下己意"者，即不拘于毛而旁采韩、鲁《诗》说也。孔颖达《毛诗正义》以刘焯《毛诗义疏》、刘炫《毛诗述义》稿本，故能融贯群言，包罗古义。虽或过于护郑，且有强毛合郑之处，而名物训诂极其该洽。朱子《集传》于名物训诂，亦采孔《疏》者为多。陈氏说："毛《传》简约，郑《笺》多纡曲，而朱《传》解经，务使文从字顺。此经有毛《传》郑《笺》，必当有朱《传》也。"元延祐科举法，诗用朱子《集传》，而毛《传》几废。清儒治汉学，始尊毛而攻朱，晚清尚西汉，今文家又尊齐鲁韩三家而攻毛。独长洲陈奂硕甫撰《毛诗传疏》三十卷，专为《毛诗》一家之学。先是，金坛段玉裁若膺撰《毛诗故训》传定本三十卷，正讹补夺，申毛说而不主郑《笺》，奂为其高弟，本师说以作《疏》，而有不同，精深博大，远在段氏定本及桐城马瑞辰元伯所撰《毛诗传笺通释》三十二卷、泾县胡承珙墨庄所撰《毛诗后笺》三十卷之上。《鲁颂·泮水》而后，陈奂所编。《毛诗》之有陈奂，犹虞《易》之有张惠言矣。齐鲁韩三家诗早亡，宋王应麟始掇拾残剩，辑《三家诗考》三卷，至清乾隆之世，范家相补苴罅漏，成《三家诗拾遗》十卷，然犹不如后来侯官陈寿祺恭甫所辑《三家诗遗说考》十五卷之尤该备。特是功在辑逸，而罕所发明。至邵阳魏源默深撰《古诗微》二十二卷，于《三家诗》有发明，而又好为臆说，未能笃守古义。然学者入手，先读二陈及魏书，可以知《诗》今古之大概矣。

言《诗》之名物训诂者，以吴陆玑撰《毛诗草木鸟兽虫鱼疏》二卷为最近古。其后宋有蔡卞撰《毛诗名物解》二十卷，所征引颇有出于陆玑书外者。元有许谦撰《诗集传名物钞》八卷，宗朱子而不为墨守，多采陆氏《释文》、孔氏《正义》。梁益撰《诗传旁通》十五卷，以朱《集传》名物训诂多所未详，乃仿孔、贾作疏。明有冯应京撰《六家诗名物疏》五十四卷，六家者，齐、鲁、韩、毛、郑、朱也。因蔡卞之《解》而广征之。清有衡阳王夫之而农撰《诗经稗疏》四卷，常熟毛晋子晋撰《毛诗陆疏广要》三卷，因陆玑之《疏》为之注释。钱唐姚炳彦晖撰《诗识名解》十五卷，以《诗》中鸟、兽、草、木分列四门，故以多识为名。无锡顾栋高震沧撰《毛诗类释》二十一卷、《续编》三卷。自宋蔡卞以来，皆因玑书而辗转增损者也。古今名物不同，未易折衷一是。然不知雎鸠为何物，则不能辨挚而有别，言挚至与言鸷猛之孰优；不知芣苢为何草，则不能定毛与三家乐有子与伤恶疾之孰是。多识草木鸟兽，乃足以征诗义。三家既亡，独《毛诗故训传》存。毛公之学，称出子夏，张揖进《广雅表》云："周公著《尔雅》一篇，今俗所传三篇，或言仲尼所增，或言子夏所益。"据此，则《毛诗》与《尔雅》同渊源于子夏。《尔雅》之《释草》《释木》《释鸟》《释兽》，与《毛传》略同。钱大昕《潜研堂答问》中有一条曰："毛公所见《尔雅》胜于今本，如草木鱼虫增加偏旁，多出于汉以后经师，而毛公犹多存古。"陈奂作《诗毛氏传疏》，凡声音训诂之用，天地山川之大，宫室衣服制度之精，鸟兽草木虫鱼之细，初仿《尔雅篇》作《义类》。以为毛公之作《诗故训传》，《传》义有具于《尔雅》，有不具于《尔雅》。动植物学今方讲明，宜考《尔雅》，以征《毛传》，参以图说，实以日验，审定古之何物为今何物，非但取明经义，亦深有裨实用，未可以其琐而忽之也。

# 第七讲　周礼

《周官》晚出，疑之者以为刘歆伪作。然萧山毛奇龄大可《周礼问》曰："歆能伪作《周礼》，不能造为《周礼》出处踪迹以欺当世。假使河间献王不献《周礼》，成帝不使向校理《周礼》，歆可造此诸事以欺同朝诸臣乎？且《景十三王传》云：'献王所献，皆古文先秦旧书，《周官》《尚书》《礼记》《孟子》《老子》之属，皆经传说记'；言有经，即有传与说记也。此必非歆可预造其语者。乃考之《艺文》所志，在当时所有之书，则实有《周官经》六篇、《周官记》四篇。此班氏所目睹也。此必非袭刘歆语也。"江都汪中容甫有《周官征文》凡六事，语见《述学》，陈氏引而申之，以为"足征《周礼》是周室典制，但无以见其必为周公所作耳。郑君知《周礼》为周公以致太平之迹，以《周礼》之中，实有周公之制也"。可谓得实之论。而毛氏《周礼问》亦谓："《周礼》断断非周公所作。然周制全亡，所赖以略见大意。而其为周制，则尚居十七。"与陈氏意同。独瑞安孙诒让仲容序《周礼正义》，谓《周礼》周公作，而非特周一代之典，盖恢廓而言之，以为："周公成文、武之志，光辅成王，宅中作雒，爰述官政，以垂成宪，有周一代之典，炳然大备。然非徒周一代之典也。盖自黄帝、颛顼以来，纪于民事以命官，更历八代，斟酌损益，以集于文、武，其经世大法，咸萃于是。故虽古籍沦佚，百不存一，而其政典沿革，约略可考。如《虞书》羲和四子，为六官之权舆，《甘誓》六卿为夏法，《典礼》六大五官，郑君以为殷制，咸与此经多相附会，是职名之本于古也。至其闳章缛典，并包远古，则如五礼六乐三兆三易之属，咸肇端于五帝，而放于二王，以逮职方州服，兼综四朝，太史岁年，统贶三统。若斯之类，不可殚举。盖鸿荒以降，文明日启，其为治，靡不始于粗觕而渐进于精详。此经上承百王，集其善而革其弊，盖尤其精详之至者，故其治跻于纯太平之域。作者之圣，述者之明，蟠际天地，经纬万端，究其条绪，咸有原本，是岂皆周公所臆定而手创之哉？此经在西周盛时，盖百官府咸分秉其官法以为司存，而太宰执其总会，司会、天府、太史藏其副贰。成、康既没，昭、夷失德，陵迟以极于幽、厉之乱，平之东迁，而周公之大经良法，荡灭殆尽。然其典册散在官府者，世或犹遵守勿替，虽更七雄去籍之后，而齐威王将司马穰苴，尚推明《司马法》，为兵家职志；魏文侯乐人窦公，犹裒《大司乐》一经于兵火丧乱之余。他如朝事之仪，大行之赞，述于《大小戴记》《职方》之篇，列于《周书》者，咸其支流之未尽澌灭者也。"特是《周礼》非古名，《史记·封禅书》云："上与公卿诸生议封

## 第七讲　周礼

禅，群儒采封禅《尚书》《周官》《王制》之望祀射牛事。"《汉书·艺文志》云："河间献王与毛生等共采《周官》及诸子言乐事者，以作《乐记》。"《景十三王传》亦言："献王所献，皆古文先秦旧书，《周官》"云云。皆以《周官》为言，而不云《周礼》。荀悦《汉纪》曰："刘歆奏请《周官》六篇列之于经，为《周礼》。"陆德明《经典释文·序录》曰："刘歆始建立《周官经》以为《周礼》。"则是《周礼》之名，起于刘歆，而非《周礼》之书，起于刘歆也。

桐城方苞望溪著《周官辨》十篇，指《周官》之文为刘歆窜改，以媚王莽，证以《汉书·莽传》事迹，辞极辨核。而其县人姚范南青《援鹑堂文集》中《复某公书》，极言送难，大指以为："《周官》自孝武时已出，平帝元始之间，歆劝莽立博士。其书布在中外久矣，歆不能隐挟而更窜之也。且歆待莽行一事而后，岌岌私窜之耶？抑预卜数年后莽必行是令，民必犯是法，而先著于经，使其事相类，令天下知莽所行，一无悖于《周官》之旧，何其迂曲而鲜通也？莽行十一之法，其增赋无明文。近郊十一，远郊二十而三，甸稍县都无过十二，悉虚拟而预增之，何哉？且九锡之事，莽所汲汲者，而《周官》无之；九百二人，但云《周官》《礼记》宜于今者，为九命之锡。歆在当时，何不以所云九锡者窜入而张大之乎？莽畏备臣下，以宦者领帑藏钱谷，并典吏民封事，此岂出《周官》耶？窃谓《周官》之书，周之制度存焉。中更春秋战国，或儒生述造，更窜不一。如云出元公手定之书，完好如后世剞劂篇籍，

045

谁其信之？"则是谓《周官》一书，存周之制度，而不出周公手定，亦与陈氏意同。

郑玄注《周礼》，发凡起例，籀其大义，曰补，曰诂。补者，补经义之所未发也。其法有三，陈氏所谓"《周礼》有隐略而尚可考见者，后郑则引证以明之；若无存而可见者，则约而知之；又有推次之法"。"推次"者，推甲以知乙也，"引证"者，引彼以证此也。而"约而知"者，则约他经之所见，而解此经之所不言也。三者，皆所以补经也。诂者，诂经言之所难晓也。诂者，古也。从言，古声，为以今言解古言也。汉人之诂经言也，或言读如读若，或言读为读曰。读如读若者，拟其音也。古无反语，故为比方之词。读为读曰者，易其字也。易之以音相近之字，故为变化之词。段玉裁《周礼汉读考》序。古语则以后世之语通之，古官、古事，则以后世之官、后世之事况之，贾公彦《疏》所谓"举今以晓古"者，其义一也。古地理亦以今地名释之。此之谓诂。诂者，以今言解古言也，例证不具详。

郑玄注《周礼》，以汉制况周制。贾公彦《疏》用郑注之法，以唐制况周制。而陈氏遂推极言之，以为："读《周易》，当读《大清会典》及历代《职官表》，凡今有而古无，古有而今无，与名同而实异，实同而名异者，详为考证，以清官清制况周官周制。"至孙诒让治《周礼》，更恢廓其意，以为："中国开化数千年，而文明之盛莫尚于周，故《周礼》一经，政法之精详，与今泰西所以致富强者，若合符契。然则华盛顿、拿破仑、卢梭、斯密亚丹之伦，所经营而讲贯，今人所指为西政之最新者，吾二千年之旧政已发其端。"遂捃摭其与西政合者，甄缉之，成《周礼政要》二卷，都四十篇，以欧政欧制况周制，然后知"其或继周，百世可知"，孔子之言，不吾欺也。

王应麟《困学纪闻》、顾炎武《日知录》皆以"阉人寺人属于冢宰，则内廷无乱政之人；九嫔世妇属于冢宰，则后宫无盛色之事。自汉以来，惟诸葛孔明宫中府中俱为一体，为得其意"。陈氏引之以为周公致太平之迹，此其荦荦大者，然不如孙诒让序《周礼正义》榷其大较，要不越政、教二科："政则自典法刑礼诸大端外，凡王后世子燕游羞服之细，嫔御阍阉之昵，咸隶于治官，宫府一体，天子不以自私也。而若国危、国迁、立君等非常大故，无不曲为之制，预为之防。三询之朝，自卿大夫以逮万民，咸造在王庭，与决大议。又有匡人、撢人、大小行人、掌交之属，巡行邦国，通上下之志，而小行人献五物之书，王以周知天下之故。大司寇、太仆，树肺石，建路鼓，以达穷遽。诵训、士训夹王车，道图志，以诏观事辨物，所以宣上德而通下情者无所不至。君民上下之间，若会四肢百脉而达于囟，亡或离阂而弗邕也。其为教，则国有大学、小学。自王世子公卿大夫士之子，暨夫邦国所贡，乡遂所进贤能之士咸造焉。旁及宿卫士庶子、六军之士，亦皆作辈学，以德行道艺相切劇。乡遂则有乡学六，州学三十，党学百有五十，遂之属别如乡。盖郊甸之内，距王城不过二百里，其为学辜较已三百七十有奇，而郊里及甸公邑之学，尚不与此数。推之鄗县置之公邑采邑，远及于畿外邦国，其学盖十百倍蓰于是。亡虑大万数。九州之内，意当有学数万。信乎教典之详，殆莫能尚已。其政教之备如是，故以四海之大，亡不受职之民，亡不造学之士。不学而亡职者，则有罢民之刑。贤秀挟其才能，愚贱贡其忧悃，咸得自通于上，于以致纯太平之治，岂偶然哉？……今泰西之强国，其为治非尝稽核于周公、成王之法典也，而其所为政教者，务博议而广学，以暨通道路，严追胥，化土物卝之属，咸与此经冥符而遥契。盖政教修明，则以致富强，若操左契，固寰宇之通理，放之四海而皆准者。自胜衣就傅，先太仆君孙衣言。即授以此经，而以海疆多故，世变日亟，睠怀时局，抚卷增喟。私念今之大患，在于政教未修，而上下之情暌阂不能相通，故民窭而失职，则治生之计陋隘，而谲觚干纪者众，士不知学，则无应事偶变，效忠厉节，而世常有乏才之憾。夫舍政教而议富强，是犹泛绝潢断港而蕲至于海也。然则处今日而论治，宜莫若求其道于此经。而承学之士，顾徒奉《周经》汉注为考证之渊薮，几何而不以为已陈之刍狗乎？既写定，辄略刺举其可剀今而振敝，一二荦荦大者，用示橥揭，俾知为治之迹，古今不相袭，而政教则固百世以俟圣人而不惑者。"大言炎炎，闳意眇指，括囊靡遗矣。近儒言《周礼》者，当推武进庄存与方耕所撰《周官记》五卷、《周官说》二卷，与孙氏《正义》为宏通博雅可观览。庄氏病《周官礼经》六篇，《冬官司空》独亡，以为周家制度，莫备于《周官》。《周官》式法根柢，皆在《冬官》。《冬官》存，举而错之天下无难也，欲为《冬官》补亡，而阙失不可理，遂原本经籍，博采传记诸子，为《周官记》五卷。于《冢宰记》著官府，于《司徒记》表均土分民之法，于《司马记》补其阙文，无《宗伯司寇记》，于《司空记》则为拟补其文，而特加《冬官》之目以别异诸篇，别有《司空记》一篇，则采撮周秦之书，备材于事典云尔。自为之序，以见大意，于建邦之纲纪法度，举凡郊坛宗社民堂辟雍之兆位，朝市宅里仓廪厩库之营建，律度量衡器用财贿之法制，分州定域度山量水治地辨土任民饬土尚农审时之大经，以及营卫车辇道路舟梁之细务，糜不该举。盖将通贯六官以陈一官之典，括囊群籍以观一经之通焉。次复采经中大典，如郊庙族属之类，原本郑氏，又遍览古人所论列者，件系而折中之，为《周官说》二卷，合记凡七卷。而孙氏《正义》则以《尔雅》《说文》正其诂训，以《礼经》《大小戴记》证其制度，研阐累载，博采汉唐宋以来迄于乾、嘉诸经儒，旧诂异谊，参互证绎，以发《郑注》之有渊奥，裨贾《疏》之遗阙。以视庄氏，一为专经之家，一为通人之作；一精详，一闳侈，又有间矣。

《周礼》众家，有考典制以明训诂者，汉郑玄、唐贾公彦《周礼注疏》四十二卷为其渊海，而清有吴县惠士奇天牧撰《礼说》十四卷，于古音古字多所分别疏通，于周制及郑注所云汉制皆旁引经史，考求源委。吴江沈彤果堂撰《周官禄田考》三卷，因欧阳修有《周礼》官多田少，禄且不给之说，故详究周制，以与之辨。凡《官爵数》《公田数》《禄田数》三篇，积算特为精密。婺源江永慎修撰《周礼疑义举要》七卷，融会郑注，参以新说，多所阐发。及庄存与《周官记》五卷、《周官说》二卷，足相羽翼，而孙诒让《周礼正义》集其大成焉。有阐义理以谈经制者，宋王安石撰《周礼新义》十六卷，开其先河，而王昭禹撰《周礼详解》四十卷，易袚撰《周官总义》三十卷，王与之撰《周礼订义》八十卷，清安溪李光坡耜卿撰《周礼述注》二十四卷，胥相发明，而孙诒让《周礼政要》挈其纲要焉。然窃以为《周礼》经制，纤悉委备，可以治国，而不可以平天下。故用之于列国并建之世，则纲目毕张，而以治强，姬旦、宇文周是也。管仲治齐，商君治秦，以及近世英、法、德之强，亦皆得其意。施之于一统无事之日，则官民交困，而以崩乱，新莽、王安石是也。大抵治国之法，蕲于臂使指联，大小相维，而欲以集事。平天下之政，又贵政简刑清，纲目疏阔，而安于无事。《大学》一书，于国言治，于天下言平。治贵有制，平蕲无治。《周礼》者，治国之制，而非所以平天下之道也。此意恐非经生所知。而晚近世，太平天国用之以败江南，阎锡山用之以败山西。诅诵未已，覆辙又寻。我瞻四方，蹙蹙靡骋。

方苞作《周官辨》，证以《汉书·王莽传》，以为出于刘歆伪托，以佐新莽。质言之，即新莽之托古改制也。至晚近世，南海康有为益推衍其义，以为一切古文经皆伪，皆出于刘歆，著《新学伪经考》。伪经者，谓古文《周礼》《逸礼》《左传》及《诗》之《毛传》，凡西汉末，刘歆所力争立博士者也。新学者，谓新莽之学。时清儒诵法许、郑者，自号曰汉学。有为以为许、郑古学，推本刘歆，可谓之为新代之学，而非汉代之学，故正名焉，而讳其本于方氏。

# 第八讲　仪礼

自韩文公以为《仪礼》难读，而陈氏因古人已成之书，籀其读法，约以三事：一曰分节，二曰绘图，三曰释例。分节者，自朱子《仪礼经传通解》厘析经文，每一节截断，后一行题云右某事，使读之者心目俱朗。至清儒济阳张尔岐稷若撰《仪礼郑注句读》十七卷，宁乡王文清九溪撰《仪礼分节句读》十七卷，仁和吴廷华中林撰《仪礼章句》十七卷，而吴氏《章句》后出为密。其书以张尔岐《句读》墨守郑注，王文清《句读》笺注太略，遂折衷先儒，以补未逮云。绘图者，宋杨复以《仪礼》十七篇各详其陈设之方位，为图二百有五，凡十七卷。至清儒武进张惠言皋文成《仪礼图》六卷，因杨图而加详密。释例者，清儒婺源江永慎修撰《仪礼释例》一卷，歙县凌廷堪次仲撰《礼经释例》十三卷，而凌氏《释例》后出为密。陈氏每欲取《仪礼》经文，依吴中林《章句》分节写之，每一节后，写张皋文之图，又以凌次仲《释例》分写于经文各句下，名曰《仪礼三书合钞》，如此则《仪礼》真不难读矣。惜乎为之而未成也。既明礼文，尤当明礼意。十七篇中冠、婚、丧、祭诸篇为要，盖古今同有之礼，倍宜钻研，此陈氏之大指也。

郑玄注《仪礼》，礼家所宗，而有发问送难者。元敖继公撰《仪礼集说》十七卷，自序称："郑康成注，疵多而醇少，删其不合于经者。"而清儒则有歙县程瑶田易畴撰《仪礼丧服文足征记》十卷，中如《丧服缌麻章》末"长殇、中殇降一等"四句，郑氏以为传文。《不杖期章》"惟子不报"传文，"公妾以及士妾为其父母"传文，郑氏以为失误。《大功章》"大夫之妾，为君之庶子；女子子嫁者、未嫁者，为世父母、叔父母、姑姊妹"，旧读以"大夫之妾"为建首，下二"为"字皆贯之，郑氏谓女子别起贯下，斥传文为不辞。皆一一援据经史，疏通证明，以规郑氏失，若与敖继公同指，特程氏显为褒弹，语多峻厉，而敖继公则含而不露，于郑注之中录其所取，而不攻驳所不取，巧为立言，若无意于排击者，此其较也。

敖继公撰《仪礼集说》，以破郑注，而清儒长洲褚寅亮搢升又撰《仪礼管见》四卷，以驳敖说，谓："其说有不通，甚且改窜经文。以曲就其义"，贯串全经，疏通证明。而嘉定钱大昕莘楣序其书，于敖改褚驳之处，颇能挈其纲要云。

褚寅亮《仪礼管见》，申郑以难敖，而绩溪胡培翚竹邨撰《仪礼正义》四十卷，则又申郑而不为墨守，虽敖氏说，亦所平心持择。自述纂例，大端有四：曰补注，补郑君注所未备也。曰申注，申郑君注义也。曰附注，近儒所说，虽异郑注，义可旁通，附而存

## 第八讲 仪礼

之。广异闻,佚专己也。曰订注,郑君注义,偶有违失,详为辨正。别是非,明折衷也。精核博综,诚为绝学。唯其订注义诸条,时或义短于郑,欲为高密诤友,而不免蠹生于木还食于木之讥。此固其一短。书未成而卒。其卷三《士婚礼篇》及卷五至卷七《乡饮酒礼篇》,卷八至卷十《乡射礼篇》,卷十一、卷十二《燕礼篇》,卷十三至卷十五《大射仪篇》,皆其弟子江宁杨大堉雅抡所补者也。昔贾公彦为郑玄作疏,《丧服经传》而外,所据者仅齐黄庆、隋李孟悊二家。至清秀水盛世佐庸三撰《仪礼集编》四十卷,裒合古今说《仪礼》者一百九十七家。今核胡氏《正义》增多盛氏《集编》者,又几及二百家,而杨大堉之所补者,则附益《集编》以为蓝本,盖不免续貂之讥云。

余读鄞县万斯大充宗撰《仪礼商》二卷,取十七篇,篇为之说,颇有新义,而勇于疑古。前有仁和应㧑谦潜斋一序,称:"喜其覃思,而嫌其自用",亦笃论也。窃按《三礼》之学,有抉发经疑,别自名家者,莫如桐城方苞望溪,所著自《周官辨》十篇而外,有《仪礼析疑》十七卷、《礼记析疑》四十六卷。其说皆融会旧文,断以己意,而不斷斷于信而好古。苞之学,源出宋人,文章衍曾南丰之一派,而说经则得朱新安之一体,朱子疑《尚书》古文,刊《大学》《孝经》,疑古改经。此其倣落。再传而为王柏,乃撰《书疑》《诗疑》。勇于自信,改经疑古,而出于疏证,不为苟同。其著《周官辨》,指《周官》之文,为刘歆窜改以媚王莽,证以《汉书·莽传》事迹,历指某节某句,为歆所增。言之凿凿,如目睹其笔削者。自以为学力既深，鉴别真伪，发千古之所未言。晚清自南海康有为以下，袭其绪余，遂肆倡狂，以得大名，而又故示偃蹇，菲薄桐城。盗憎主人，甚可笑也。然苞之经学，其涂辙实自万氏启之，先尝问业斯大之弟斯同季野。斯大考辨古礼，颇多新说，所著书于《仪礼商》之外，有《学礼质疑》二卷、《周官辨非》二卷，学本淹通，用思尤锐，其合处往往发前人所未发。盖方苞之学所自昉云。因附记之于此。

# 第九讲　礼记

按《礼记》四十九篇，有记礼，有记言。记礼之文，与《礼经》相经纬；记言之文，与《论语》相表里。记礼之文，凡宏纲阔目，著《仪礼》者，则为解释之体；而细事琐文，不见明文者，则为然疑之辞。如《郊特牲·冠义》一节，孔颖达《疏》以："《仪礼》有《士冠礼正篇》，此说其义。下篇有《燕义》《昏义》，与此同。"《乡饮酒义》孔颖达《疏》："《仪礼》有其事，此记释其义。"《聘义》孔颖达《疏》："此篇总明《聘义》，各显聘礼之经于上，以义释之于下。"此宏纲阔目，著见《仪礼》，而为解释之文者也。《檀弓》云："大功废业，或曰大功诵，可也。"又"小敛之奠，或云东方，或云西方。""同母异父昆弟，鲁人或云为之齐衰，或云大功。"《深衣》："古者深衣，盖有制度。"孔颖达《疏》："言盖者，疑辞也。"如此之类，作记者时代在后，其述古事，述古制，述旧说，疑以传疑，而为不定之辞，盖其慎也。此细事琐文，不见明文，而为然疑之辞者也。记言之文，或如《论语》而记子曰之直言，《坊记》《表记》《缁衣》，是也；或仿《孝经》而为主客之对扬，《礼运》《儒行》《哀公问》《仲尼燕居》《孔子闲居》，是也，而要于根本仁义，揆叙万类，圣人垂教，弟子所记，《论语》之外篇，《五经》之辖辖也。

何谓礼？仲尼燕居云："子曰礼也者，理也。"《乐记》云："礼者，理之不可易者也。"自古记礼者，多致谨于度数节文之末，如十七篇是也。独四十九篇发其理之不可易，而不斷斷于度数仪文。纲纪万事，雕琢六情。传自游、夏，讫于秦、汉，歧途诡说，纷纭多端。于是博物通人，知今温故，考前代之宪章，参当时之得失，俱以所见，各记旧闻，综错鸠聚，以类相附。《礼记》之目，于是乎在。其传疑出于荀卿，尤可征见者：《三年问》全出《荀子·礼论篇》，《乐记》《乡饮酒义》所引，俱出《乐论篇》，《聘义》子贡问贵玉贱珉，亦与《德行篇》大同。此篇章之相袭，可证者一也。所谓不可易者何也？曰："称情而立文，因以饰群别亲疏贵贱之节而不可损益也。"用《荀子·礼论》《礼记·三年问》文。所谓"饰群，别亲疏贵贱之节"者，《曲礼》云："礼者，所以定亲疏，决嫌疑，别异同，明是非也。"而荀子则详申其指曰："人生而有欲，欲而不得，则不能无求；求而无度量分界，则不能不争；争则乱，乱则穷。先王恶其乱也，故制礼义以分之，以养人之欲，给人之求，使欲必不穷乎物，物必不屈于欲，两者相持而长，是礼之所起也。故礼者，养也。君子既得其养，又好其别。曷谓别？曰：贵贱有等，长幼有差，贫富轻重皆有称者也。"《礼论篇》。"天下害生纵欲。欲恶同物，欲多而物寡，寡则必争矣。离居不相待则穷，群而无分则争。穷者，患也。争者，

## 第九讲　礼记

祸也。救患除祸，则莫若明分使群矣。"《富国篇》。此明分以使群，大义之相发，可征者二也。"道德仁义，非礼不成"，亦见《曲礼》，而《荀子·劝学》则曰："礼者，法之大分，群类之纲径也。故学至于礼而止矣。夫是之谓道德之极。将原先王，本仁义，则礼正其经纬蹊径也。"此隆礼以修道，大义之相通，可征者又一也。《礼运》曰："礼也者，义之实也。协诸义而协，则礼虽先王未之有，可以义起也。"《郊特牲》曰："礼之所尊，尊其义也。失其义，陈其数，祝史之事也。故其数可陈，其义难知也。知其义而谨守之，天子之所以治天下也。"此记者明言礼之所尊，在义不在数，其谊亦同《荀子》。《荀子·劝学》曰："学恶乎始？恶乎终？曰其数则始乎诵经，终乎读礼。其义则始乎为士，终乎为圣人。真积力久则入学，至没而后止也。故学数有终，若其义则不可须臾舍也。为之，人也；舍之，禽兽也。"又《荣辱篇》曰："循法则度量刑辟图籍，不知其义，谨守其数，慎不敢损益也，父子相传，以持王公，是故三代虽亡，治法犹存，是官人百吏之所以取禄秩。"曰"官人百吏之所以取禄秩"，明非"天子之所以治天下"。此尊义以后数，大义之相通，可征者四也。《仪礼》所陈之数，《礼记》多明其义。朱子心知其意，《答潘恭叔书》云："《礼记》须与《仪礼》参通修作一书，乃可观。"《乞修三礼札子》云："以《仪礼》为经，而取《礼记》及诸经史杂书所载有及于礼者，皆以附于本经之下，具列《注疏》诸儒之说。"札子乃不果上，晚年，竟本此义，修成《仪礼经传通解》三十七卷。《答应仁仲书》："前贤常患《仪礼》难读。以今观之，只是经不分章，记不随经，而《注疏》各一书，故使读者不能遽晓。今定此本，尽去此诸弊。恨不得令韩文公见之也。"得意可想。至清婺源江永慎修撰《礼书纲目》八十五卷，依仿朱子《经传通解》，而融贯全经，考证益详，厘正发明，足补朱子所未备。其自序称："哀集经传，欲其该备而无遗；厘析篇章，欲其有条而不紊。"读礼者可由此入门。然《礼记》四十九篇，亦有不为《仪礼》作传而说其义者。大抵《仪礼》之十七篇，札家之今文学也；《周官》六篇，礼家之古文学也。《礼记》四十九篇，非一手所成，或同今文，或同古文。《王制》多同《公羊》《穀梁》《冠义》《昏义》《乡饮酒义》《射义》《燕义》《聘义》《丧服四制》《问丧》《祭义》《祭统》诸篇，皆《仪礼》十七篇之传，为今文说。而《玉藻》为古《周礼》说，《曲礼》《檀弓》《杂记》为古《春秋左氏说》，《祭法》为古《国语说》，皆古文说。则今古学糅者也。善化皮锡瑞鹿门说。见《礼经通论》。而《周官》可以明《左氏》，《王制》则以说《公羊》。以《王制》为今学大宗，比《周官》为古文大宗云。

《礼记》四十九篇，据郑玄目录，考之于刘向《别录》，以类相从，属制度者六：《曲礼》上下、《王制》、《礼器》、《少仪》、《深衣》是也。属通论者十六：《檀弓》上下、《礼运》、《玉藻》、《大传》、《学记》、《经解》、《哀公问》、《仲尼燕居》、《孔子闲居》、《坊记》、《中庸》、《表记》、《缁衣》、《儒行》、《大学》，是也。属《丧服》者十一：《曾子问》、《丧服小记》、《杂记》上下、《丧大记》、《奔丧》、《问丧》、《服问》、《间传》、《三年问》、《丧服四制》，是也。属世子法者一：《文王世子》，是也。属子法者一：《内则》，是也。属祭祀者四：《郊特牲》《祭法》《祭义》《祭统》，是也。属乐记者一：《乐记》，是也。属吉事者六：《投壶》《冠义》《昏义》《乡饮酒义》《燕义》《聘义》，是也。盖其目次之大凡如是。而《唐书·魏徵传》则曰："尝以《小戴礼》综汇不伦，更作《类礼》二十篇。太宗美其书，录置内府。"《谏录》载诏曰："以类相从，别为篇第，文义粲然。"《唐书·儒学·元行冲传》载："玄宗时，魏光乘请用魏徵《类礼》列于经。帝命行冲与诸儒集义作疏，为五十篇。于是右丞相张说建言：'魏孙炎始因旧书摘类相比，至徵更加整次，乃为训注。'"则是魏徵《类礼》乃因孙炎书者也。朱子惜不之见。迨元吴澄撰有《礼记纂言》三十六卷，其书每卷为一篇，亦魏徵《类礼》之属也。大抵以《戴记》经文庞杂，疑多错简。故每一篇中，其文皆以类相从，俾上下文意义联属贯通，而识其章句于左。其三十六篇次第亦以类相从，曰通礼者九：《曲礼》《内则》《少仪》《玉藻》，通记大小仪文，而《深衣》附焉。《月令》《王制》，专记国家制度，而《文王世子》《明堂位》附焉。曰丧礼者十有一：《丧大记》《杂记》《丧服小记》《服问》《檀弓》《曾子问》六篇记丧，而《大传》《间传》《问丧》《三年问》《丧服四制》五篇，则丧之义也。曰祭礼者四：《祭法》一篇记祭，而《郊特牲》《祭义》《祭统》三篇，则祭之义也。曰通论者十有二：《礼运》《礼器》《经解》一类，《哀公问》《仲尼燕居》《孔子闲居》一类，《坊记》《表记》《缁衣》一类，《儒行》自为一类。《学记》《乐记》，其文雅驯，非诸篇比，则以为是书之终。他如《大学》《中庸》，依程朱别为一书。《投壶》《奔丧》归于《仪礼》。《冠义》等六篇，别辑为《仪礼传》。虞集称其始终先后，最为精密，推重甚至。唯其篇次之类，纵或与刘向有出入。然刘向类次亦有可议，特其中有可说而不必易次者，有不可说而必更从者。陈氏谓："'《别录》以《曲礼》《少仪》，属制度，《内则》属子法。'澧按《曲礼》'凡为人子之礼'数节，正可谓子法也，而属制度者，盖以《少仪》为况也。郑《目录》云：名曰《少仪》者，以其记相见及荐羞之小威仪；少犹小也。澧按《曲礼》多小威仪，与《少仪》同一类。至天子建天官，天子当依而立，请侯见天子之类，则非小威仪而已。同属制度，而有不同矣。"此可说者也。又曰："《王制》《礼器》《深衣》三篇，《别录》属制度。《王制篇》首所记，与孟子答北宫锜之说略同。此为周室班爵禄之制，信而有征。《王制》记大制度，《深衣》但记一衣，以其云'古者深衣，盖有制度'，故亦属制度耳。"此亦可说者也。又曰："《月令》《明堂位》《别录》皆属明堂阴阳记，其实皆制度之类。《汉书·艺文志》有《明堂阴阳》三十三篇，班氏自注云：'古明堂之遗。'又有《明堂阴阳说》五篇。盖明堂阴阳，在礼家内自为一家之学，故《别录》于制度之外，又分出此一类也。"此亦可说者也。至谓《礼器》当属通论，《别录》属制度；《玉藻》当属制度，《别录》属通论，皆非其类也。此不可说而必更从者也。唯《礼记》分类，昉于《别录》，而《礼记》必分类读，则用志不纷，易得门径。陈氏所论，故为不易耳。

# 第十讲　春秋上

论《春秋三传》之渊源者,莫析于马、班。《史记·十二诸侯年表序》曰:"孔子明王道,干七十余君,莫能用,故西观周室,论《史记》旧闻,兴于鲁而次《春秋》,上记隐,下至哀之获麟,约其辞文,去其繁重,以制义法,王道备,人事浃。七十子之徒,口授其传指,为有所刺讥褒讳贬损之文辞,不可以书见也。鲁君子左丘明惧弟子人人异端,各安其意,失其真,故因孔子史记,具论其语,成《左氏春秋》。"《汉书·艺文志》曰:"仲尼思存前圣之业,乃以鲁周公之国,礼文备物,史官有法,故与左丘明观其史记,据行事,仍人道,因兴以立功,因败以成罚,假日月以定历数,藉朝聘以正礼乐。有所褒讳贬损,不可书见,口授弟子,弟子退而异言。丘明恐弟子各安其意,以失其真,故论本事而作传,明夫子不以空言说经也。春秋所贬损大人当世君臣,有威权势力,其事皆形于传,是以隐,所以免时难也。及末世口说流行,故有公羊、穀梁、邹夹之传。"大抵左丘明论本事而作传,主于记事。公羊、穀梁受传指而索隐，专为诂经。公羊、穀梁二家皆解正《春秋》，《春秋》所无者，公羊、穀梁未尝言之。而左氏叙事见本末，或先经以始事，或后经以终义，或依经以辩理，或错经以合异。因孔子史记，具论其语，则有《春秋》所无而左氏著其事者焉，有《春秋》所有而左氏不著其事者焉。故汉博士谓左氏不传《春秋》，而推本公、穀，以为真《春秋》之意也。陈氏之学，所贵在通，尤崇郑玄。尝谓："郑氏有宗主，复有不同，不为何休之墨守，亦不同许慎之异义。"论《春秋》盖以《左传》为主，以为"欲知其义，必先知其事"也。顾论《左传》凡例与所记之事有违反者，历指其例之不可通，谓"当以一传为主，而不可尽以为是"，可谓有宗主，复有不同者矣，盖郑氏之家法也。

古无例字，属辞比事皆比例。《汉书·刑法志》师古曰："比，以例相比况也。"《礼记·经解》引孔子曰："属辞比事，《春秋》教也。"又曰："《春秋》之失乱。"记者引此为夫子自道。夫子以《春秋》口授弟子，必有比例之说，故自言"属辞比事"，为《春秋》教。《春秋》文简意繁，若无比例以通贯之，必至人各异说，而大乱不能理，故曰"《春秋》之失乱。"故说《春秋》者多言例。何休《公羊解诂序》曰："往者略依胡毋生条例，多得其正。"胡毋生条例散见《解诂》，未有专书。何休《文谥例》见徐彦《疏》引。《公羊传》条例虽佚，而著见《七录》。则是说《公羊》例者不一家矣。范宁解《穀梁》亦有例，杨士勋《疏》引之，有称范氏《略例》者，而有称范《例》者，有称

## 第十讲 春秋上

范氏《别例》者，皆即《略例》也。范氏注中已有例，又别为《略例》，故称别例，则是说《穀梁》者有例矣。左氏之例，始于郑兴、贾徽，其子郑众、贾逵，各传家学，亦有条例。颍容已有释例。皆不传。独杜预撰有《春秋释例》十五卷，其大指以经之条贯，必出于传，传之义例，总归于凡。《左传》称凡五十，其别四十有九，皆周公之垂法，史书之旧章。仲尼因而修之，以成一经之通体。诸称"书""不书""先书""故书""不言""不称""书曰"之类，皆所以起新旧，发大义，谓之变例。亦有旧史所不书，适合仲尼之意者，仲尼即以为义，非互相比较，则褒贬不明，故别集诸例及地名、谱第、历数，相与为部，先列经传数条以包通其余，而传所述之凡系焉。更以己意申之，名曰《释例》。唯《公羊》《穀梁》家以时月日为褒贬，而左氏无时月日例。至清武进刘逢禄申受撰《春秋公羊经何氏释例》三十篇，其《释时月日例第四》，引子思赞《春秋》"上律天时"，以为"《春秋》不待褒讥贬绝，以时月日相示，而学之者湛思精悟"，推阐甚析。《穀梁》时月日例，更密于《公羊》，海州许桂林同叔撰《春秋穀梁传时月日书法释例》以发明之。而章炳麟《太炎文录》卷二，有《再与刘光汉》《丙午与刘光汉》两书，极称杜预《释例》，以为"《左氏》初行，学者不得其例，故傅会《公羊》以就其说"，侍中刘歆所奏，有云：'《左氏》同《公羊》，什有七八。'贾、服虽善说经，然于五十凡例外，间有所补，或参用《公》《穀》，不尽《左氏》。亦犹释典初兴，学者多以老、庄皮傅。征南生诸儒

063

后，始专以五十凡例为揭橥，不复杂引二传，则后儒之胜于先师者也。"独陈氏主《左传》之记事而不取五十凡例并历斥《公》《穀》之时月日例，以为："《春秋》所重者，固在其义，然圣人所谓窃取之者，后儒岂易窥测之。与其以意窥测而未必得，孰若即其文其事，考据详博之有功于经乎？《孟子》之说《春秋》，一曰其事，二曰其文。文者所以记事也。事有变而不同，则文不能一成而不易。执其同者以为常例，而以其异者为违常例，奚可哉？黄楚望云：'凡《左传》于义理时有错谬，而其事皆实，若据其实，而虚心以求义理至当之归，则经旨自明。然则学《春秋》者，姑置虚辞，存而不论，而推校《左传》之事以求圣经。'但当胪列书法之同异，有可以心知其意者则为之说，其不可知者，则不为妄说，斯得之矣。"信通人之论也。要之，《左氏传》之有裨于《春秋》，不在五十凡例，而治之者亦无事断断言例。事实而外，历法、舆地、兵制、礼制、氏族、官秩，各有专门。杜氏《释例》不专言例，而旁及地名、谱第、历数，相与为部，即前事之师也。贾服注与杜氏异者，大义不过数十条，余皆无关宏旨。嘉兴李贻德次白辑述《春秋左传贾服注》二十卷而疏解之，是矣。长与臧寿恭眉卿著书六卷，名为《春秋左氏古义》，而多引《公》《穀》以汩左氏，不知三传各有指归，无庸强合，若文字异同，非皆古义也。贾服注与杜氏互有得失，而二家注已不全，治左氏者，不得不以杜氏为主。逊清儒者，多申贾、服而抑杜，此一时风气使然，非持平之论。杜氏于日月、舆地、氏族、官制之类，分门专治。吾邑顾栋高复初得其意，成

## 第十讲　春秋上

《春秋大事表》六十四卷，部居别白，心裁独出，而推溯所自，其法实本杜氏。杜氏训诂之学虽疏，地理之学不疏。阳湖洪亮吉稚存为《春秋左传诂》二十卷，其他无论，而言地理，必欲司马彪、京相璠等之残文坠简，以相诘难，故用力多而成功少也。

陈氏之言《春秋》，宗左为主，而兼采《公》《穀》，以有不同，盖祧康成而祢陆淳者也。何休《解诂》，墨守公羊；杜预《集解》，独宗左氏，虽义有拘窒，必曲为解说，盖专门之学如是。唯范宁《穀梁集解》，宗主《穀梁》而兼采三家，开唐啖、赵、陆之先声，异汉儒专门之学派。盖经学至此一变，而其变非自范氏始。郑玄从第五元先习《公羊》，其解礼多主《公羊》说，而针膏起废，兼主《左传》《穀梁》。尝云："《左氏》善于礼，《公羊》善于识，《穀梁》善于经"，已开兼采三传之嚆矢。晋刘兆作《春秋调人》三万言，又为《左氏传》解，名曰《全综》，作《公羊穀梁解诂》，皆纳经传中，朱书以别之，似已合三传为一书。而其书不传，未晓三传何主？今世所传合三传为一书者，自唐陆淳《春秋纂例》始。其书十卷，本啖助、赵匡之说，杂采三家，以意去取，合为一书，盖陈氏《春秋》之学所自出。陈氏言："《三传》各有得失，不可偏执一家，尽以为是。郑君之《针膏肓》《发墨守》《起废疾》，即此意也。然当以一传为主。郑君注《左氏》未成，以与服子慎，而不闻注《公羊》《穀梁》，是郑君之治《春秋》以《左传》为主也。陆氏《纂例》云：'《左氏》功最高，能令百代之下，颇见本末，因之求意，经文可知。'盖其意亦以《左传》为主,但其书名曰集传,则不主一家,无师法耳。"此可以征陈氏师法之所在矣。

宋刘敞撰《春秋传》十五卷,用陆氏《纂例》之体,删改三传而为一传。善化皮锡瑞鹿门《春秋通论》极推之,以为宋儒治《春秋》最优者。而陈氏则讥讽其删改多不当。特以刘氏之褒贬义例,多取诸《公羊》《穀梁》,陈氏主《左传》,而善化治《公羊》,所主不同故耳。

儒者论古,亦各视其身世而不同。甘泉焦循理堂为《春秋左传补疏》五卷,其序称"杜预为司马懿女婿、司马昭妹婿,作《左氏春秋集解》,于左氏云'称君,君无道,称臣,臣之罪',师旷所谓:'其君实甚',史墨所谓:'君臣无常位',皆假其说而畅衍之,以解司马氏篡弑之恶,与孟子所称'孔子作《春秋》而乱臣贼子惧'之指大异。"陈氏引其说,亦言:"孟子曰:'孔子成《春秋》而乱臣贼子惧。'《左氏》开卷记颖考叔、石碏二人最详,此大有意也。君子曰:'颖考叔,纯孝也!'君子曰:'石碏,纯臣也。'贾逵云:'左氏义深于君父。'其此之谓乎?"而清季世,章炳麟专攻左氏而言革命。乃谓:"贾逵言'左氏义深于君父',此与公羊反对之词耳。若夫称国弑君,明其无道,则不得以义深君父为解。杜预于此,最为宏通。而近世焦循、沈彤辈,多谓预借此以助司马昭之弑高贵乡公,则所谓焦明已翔乎寥廓,弋者犹视乎薮泽也。"见《太炎文录》卷二《再与刘光汉书》。斯又张革命以中杜预矣。

章炳麟以《左氏》张革命,康有为以《公羊》说改制。应运

## 第十讲 春秋上

而生，皆迫于时势之不得不然，此颂诗读书之所以有待于知人论世也。独朱一新《无邪堂答问》则深斥改制之说，原其所以，谓："《公羊》家之说，以为周道既微，明王不作，夫子知汉室将兴，因损益百王之法，为汉赤制。第载之空言，不如见之行事。《鲁史》具存，即借其事以寓褒贬，故曰'加吾王心焉'。夏尚忠，殷尚质。三王之道若循环。周末文胜，夫子欲变之以殷质，而具褒贬诛绝之法，不敢自专，寄之于鲁。此以《春秋》当新王之义，非谓真以鲁为新王也。麟为王者之瑞。夫子论次十二公之事，为万世法，王道浃，人事备，西狩获麟，于周为异，《春秋》则托以为瑞。故曰'所闻世，著治升平，所见世，文致太平'。此张三世之义。曰'文致'者，明其非真太平也。公羊家多非常可怪之论。西汉大师，自有所受，要非心知其意，为此学者流弊滋多。近儒惟句容陈立卓人为《公羊义疏》七十六卷，深明家法，不过为穿凿。卓人学出江都凌曙晓楼，晓楼已颇穿凿，而尚未甚。至武进刘逢禄申受、长洲宋翔凤于庭、德清戴望子高诸家，牵合《公羊》《论语》而为一。于庭复作《大学古义说》以牵合之，但逞私臆，不顾上下文义。仁和龚自珍定庵专以张三世穿凿群经，蔓衍支离，不可究诘。二千年经学之厄，盖未有甚于此者也。良由汉学家琐碎而鲜心得，高明者亦悟其非，而又炫于时尚，宋儒义理之学，为所讳言，于是求之汉儒，惟董子《繁露》之言，最为滂沛；求之六经，惟《春秋》改制之说，最易附会。且西汉今文之学久绝，近儒虽多缀辑，而零篇坠简，无以自张其军，独《公羊》全书幸存，《繁露》《白虎通》诸书，又多与何注相出入；其学派甚古，其陈义甚高，足以压倒东汉以下儒者，遂幡然变计而为此。夫《春秋》重义不重制，义则百世所同，制则一王所独。惟王者受命于天，改正朔，异器械，别服色，殊徽号，以新天下之耳目，而累朝旧制，沿用已久，仍复并行，此古今之通义。周时本兼有四代之制，六经无不错举其说，非独《春秋》为然。孔子殷人，杂举殷礼，见于《戴记》者甚多，安得以为改制之证？《公羊》文十三年传之'周公用白牡，鲁公用骍犅'，何注：'白牡，殷牲也。'此乃成王所赐，岂亦孔子所改。《明堂位》兼用四代礼乐，若非经有赐鲁明文，则亦将援为孔子改制之证。且托王于鲁，犹言可也；帝制自为，不可言也。圣人有其位，则义见于制；无其位，则义寓于事。是故孟子之论《春秋》曰：'其事''其义'，不曰其制；曰'天子之事'，不曰天子之制。衮褒钺贬者，正天子之所有事。孔子自言窃取其义。窃取云者，取诸文王也。《公羊传》曰：'王者孰谓？谓文王也'开宗明义，即示人以尊王之旨。圣人作《春秋》，以文王之法正诸侯，而不以空言说经，故其义悉寓于诸侯之事。若夫典章文物，一仍其旧，曾何改焉。近儒因《记·王制》兼有殷制，遂傅合于《公羊》。夫《王制》乃汉文集博士所作，卢侍中植明言之，侍中汉代大儒，出入禁闼，岂有本朝大掌故懵然不知之理？近人深斥其说，乃托《王制》以穿凿《公》《穀》，傎倒五经。不知孝文时，今学萌芽，老师犹在，博采四代典礼，以成是篇，乃《王制》摭及《公羊》，非《公羊》本于《王制》。《王制》果为《公羊》

## 第十讲　春秋上

而作，则师说具存，《繁露》何以不引其文？汉儒何以不述其例？直待千余年后，始烦诸儒为之凿空乎？乃近人因《王制》未足征信，复援孟子以为助，《孟子》明云周室班爵禄，周制也，非殷制也。《孟子》言天子一位至子、男同一位，凡五等，《王制》言公、侯、伯、子、男凡五等，《公羊》言伯、子、男同位凡三等。三书说各不同，乌可强为沟合？《孟子》：'公侯百里，伯七十里，子、男五十里'，与《武成》分土惟三义同。近人黜为伪《古文尚书》，弃置弗道。然《汉书·地理志》已言周爵五等，而土三等，岂班《志》亦伪乎？殷制既以公、侯、伯为三等，则公、侯不能同为百里。书阙有间，但当阙疑，乌可凿空。近儒置疑于《孟子》者，徒以爵禄之说，与《周官》不合。夫《周官》不合群经者多矣，何独执此而定百里为素王之制？《孟子》'十一月徒杠成，十二月舆梁成'，即《国语》引夏令十月成梁之制。周十二月，夏之十月。孟子所用周正也，非夏正也。近人谓孟、荀皆用孔子改制之说。按荀子有《王制篇》，所言序官之大法，大致与《周礼》同。又云：'田野什一，关市讥而不征，泽梁以时禁，发而不税。'说亦同于孟子。孟子明云文王治岐之制，岂得以为殷制？《荀子》言：'王者之制，道不过三代，法不贰后王。过三代谓之荡法，贰后王谓之不雅。'荀子意在法后王，乃后人反诬以改制之说，此正荀子所斥为不雅者也。夫子修《春秋》以垂教万世，托始于文，托王于鲁，定、哀多微辞，上以讳尊隆恩，下以避害容身，慎之至也。圣人宪章文、武，方以生今反古戒人，岂有躬自蹈之理？《公羊》家言变周文，从殷质，文王，殷人，其所用者殷制。夫子用此，与从先进义同，岂敢缘隙奋笔，俨以王者自居？《春秋》即为圣人制作之书，度亦不过一二微文以见意，岂有昌言于众以自取大戾者？且亦惟《公羊》为然，于《二传》何与，与《诗》《书》《礼》《易》《论语》又何与？今以六经之言，一切归之改制，其巨纲细目散见于六经者，转以为粗迹而略置之。夫日以制作为事，而不顾天理民彝之大，以涂饰天下人耳目，惟王莽之愚则然耳。至以《春秋》为汉赤制，此尤纬说之无理者。盖自处士横议，秦人焚书，汉高溺儒冠，文、景喜黄、老，儒术久遏而不行。自武帝罢黜百家，诸儒乃亟欲兴其学，篡附纬说，以冀歆动时君，犹《左传》之增'其处者为刘氏'也。《后汉书·贾逵传》："五经家皆无以证图谶明刘氏为尧后者，而《左氏》独有明文。"章怀太子注："《春秋》晋大夫蔡墨曰：'陶唐氏既衰，其后有刘累，学扰龙，事孔甲。范氏其后也。'范会自秦还晋，其处者为刘氏。明汉承尧后也。"此在立学之初，诸儒具有苦心，后人若复沿袭其说，则愚甚矣。"其辞辨以核。

江都凌曙晓楼初治郑玄礼，嗣闻武进刘逢禄申受论何氏《春秋》而好之，转而治《公羊》，撰《公羊礼疏》十一卷、《公羊礼说》一卷。句容陈立卓人最称高第弟子，承其绪衍，成《公羊义疏》七十六卷、《白虎通疏证》十二卷。其学由《白虎通》以通《王制》，遂旁开以《公羊》言礼一派。近世湘潭王闿运壬秋、善化皮锡瑞鹿门之学，皆由此衍。言礼明，然后治《春秋》，别开湘学，又旁轶而为蜀学，集其成于井研廖平季平，继别为宗，而渊源

## 第十讲 春秋上

所自，不得不推凌氏为别子之祖也。

南海康有为之言《公羊》，得之廖平。唯廖平以《公羊》言礼制，由《白虎通》以通《王制》，为湘学王闿运之嗣法。而康氏以《公羊》称大同，由《礼运》以明《春秋》，则宋儒胡安国之余论。吕祖谦与朱子书曰："胡文定《春秋传》多拈出《礼运》天下为公意思。蜡宾之叹，自昔前辈共疑之，以为非孔子语，盖不独亲其亲，子其子，而以尧、舜、禹、汤为小康，是老聃、墨子之论。胡氏乃屡言《春秋》有意于天下为公之世。"其间尤有同而不同者焉。

左氏浮夸，文章之士所喜诵说。乡人龚伯伟先生敩钊问《左传》文章评点孰为佳？应之曰：《左绣》为佳。而于文章之奇偶相生，左氏之错偶于奇，一编之中，尤三致意。每闻老辈诋《左绣》论文，不脱评点八股文习气。不过承桐城文学方张之焰，崇八家以排俪体。《左绣》独被恶名，犹之方望溪之不喜班孟坚书尔。班孟坚之于左氏，一脉相传，其文章之妙，在能运偶以奇，尤在凝奇于偶。运偶以奇，故举重若轻；凝奇于偶，斯积健为雄。而自命古文家者，乃必以偶为讳。阮文达《研经堂三集·书昭明太子文选序后》曰："如必以比偶非文之古者而卑之，则孔子系《易》，自命其言曰文者，一篇之中，偶句凡四十有八。而班孟坚《两都赋序》及诸汉文，其体皆奇偶相生。齐梁以后，溺于声律，彦和《雕龙》，渐开四六之体。至唐而四六更卑，然文体不可谓之不卑，而文统不可谓之不正。班孟坚《两都赋序》，白麟神雀二比，言语公卿二比，即开明人八比之先路。八比之文，真乃上接唐宋四六为一脉，为文之正统也。"斯其论文章之奇偶相生，真乃上接《左绣》为一脉。世论不敢难文达，而独致讥《左绣》，多见其不知类也。其书出钱唐冯李骅天闲、定海陆浩大瀛之手，前有高安朱端公轼序，称："统括全书，指其精神脉络，以尽行文之态，亦论文之至。"岂曰借誉之论。

唐刘知几《史通·六家篇》曰："《左传》家者，其先出于左丘明。孔子既著《春秋》，而丘明受经作传。盖传者，转也，转受经旨以授后人。或曰：'传者，传也，所以传示来世。'""国语家者，其先亦出于左丘明。既为《春秋内传》，又稽其逸文，纂其别说，分周、鲁、齐、晋、郑、楚、吴、越八国事，起自周穆王，终于鲁悼公，别为《春秋外传国语》，合为二十一篇。其文以方《内传》，或重出小异。然自古名儒贾逵、王肃、虞翻、韦曜之徒，并申以注释，治其章句。此亦《六经》之流，《三传》之亚也。"昔刘勰撰《文心雕龙》有《史传篇》，亦云："传者，转也，转受经旨以授于后。"而经有今文、古文之别，传有内传、外传之别，不仅春秋有之。内传者，一经之本训；外传者，经外之别义。世传《十三经》，其中有经有传，而今古文确可识别者：《书孔安国传》十三卷，《诗毛公古训传》三十卷，《春秋左氏传》三十卷，古文也。《仪礼》子夏《丧服传》一篇，《春秋公羊传》十一卷，《穀梁传》十一卷，今文也。此内传也。若论外传，则今文独多。《易》京房《易传》三卷，《书》伏生《大传》四卷。亦有三卷本。《诗》韩婴《外传》十卷。刘向《列女传》每事引《诗》作

## 第十讲　春秋上

赞，略同韩婴，疑亦《诗外传》之一种也。《礼大戴记》十三卷，《小戴记》四十九卷，《春秋董子繁露》十七卷，而刘向受《穀梁春秋》，则采《春秋》至汉初轶事，以为《新序》《说苑》，都五十篇。《新序》今存十卷，《说苑》存二十卷。而《春秋》时事尤多，大抵采百家传记可为法戒者，以类相从，故颇与《春秋左氏内外传》相出入，疑为《穀梁外传》。《繁露》则《公羊外传》也。皆今文也。古文，独《左氏春秋》有外传耳。如此之类，事摭别出，义多旁支，取与内传相经纬，而非一经之本训，故曰外传。然则先师传经，内传古文多，外传今文多，此其较也。然今古文之称，在今日直为不词。汉人所以称今古文者，以文字有汉篆与苍籀之异，而在今日，则一体今隶，孰为古文，特事义而有不同耳，当正名曰今学古学。

欲明今学古学事义之不同，汉儒许慎撰有《五经异义》，郑玄为驳。《隋书》《唐书·经籍志》著录十卷，宋时已佚，近人所辑，有秀水王复本、阳湖庄葆琛本、嘉定钱大昭本、曲阜孔广森本、闽县陈寿祺本。而陈本上中下三卷，称有条理，并为疏证，极精核也！井研廖平季平本《五经异义》，以考两汉学说，成《今古学考》上下二卷，而昔人说经异同之故，纷纭而不决者，至是平分江河，了如指掌焉。

# 第十一讲　春秋下

汉刘氏向、歆父子叙录群书为《七略》，无四部之名，而《太史公》百三十篇、冯商所续《太史公》七篇，悉以隶《春秋》。唐刘知几《史通》论史六家，而统以二体，曰："丘明传《春秋》，子长著《史记》。载笔之体，于斯备矣。"盖《春秋》编年之体，《史记》纪传之祖也。而会稽章学诚实斋扬榷文史，撰论《通义》，独深有会于刘氏向、歆之意，而推原纪传本于《春秋》，盖纪编年以包举大端，《春秋》之经也；传列人以委曲细事，丘明之传也。一辨章流别，一考镜源流，谊各有当，不必此之为是，而彼之为非也。

太史公综合古今，发凡起例，创为百三十篇。本纪以序帝王，世家以纪侯国，十表以谱年爵，八书以详制度，列传以志人物。然后国故朝章，网罗一编，显隐必该，洪纤靡遗。历代作史者遂不出其范围，《汉书》以下二十三史，可考而知也。然而时移事易，体例增损，固亦有之。阳湖赵翼云崧撰《二十二史劄记》，勘比诸史，较其异同，条为五事，而参以鄙意，颇有可得而论者焉。其一曰本纪。古有《禹本纪》《尚书》《世纪》等书，太史公用其体以叙述帝王。唯楚义帝立自项氏，政非己出，不为立纪。项羽则宰制天下，封诸侯王，莫敢不听命，自当入本纪。《汉书》改为列传，则以断代为史，当王者贵。唯《周本纪》《秦本纪》，自其先世为侯伯皆入之，颇失裁断。然不如是，则先后参差，不得不为变例。魏收作《魏书》，遂承用其例焉。《金史》于《太祖本纪》之前，先立《世纪》以叙其先世，此则仿《尚书》《世纪》之名，而视太史公为典切矣。《三国志》但有《魏纪》，而吴、蜀二主，皆不立纪，以魏为正统故也。《后汉书》又立《皇后纪》，盖仿《史》《汉·吕后纪》之例，不知太史公以政由后出，故《高纪》后即立《后纪》。至班固则先立《孝惠纪》，孝惠崩，始立《后纪》，其体例已截然，以少帝既废，所立者非刘氏子，故不得以伪主纪年，而归之于后也。若东汉则各有帝纪，即女后临朝，而用人行政，已皆编在帝纪内，何必又立后纪？《新唐书》武后已改唐为周，故朝政则编入后纪，而宫闱琐屑，仍立后传，似得体要。《宋史·度宗本纪》后，附瀛国公及二王，不曰帝，而曰瀛国公，曰二王，固以著其不成为君，而犹附于纪后，则以其正统绪余，已登极建号，不得而没其实也。至马令、陆游《南唐书》作《李氏本纪》，吴任臣《十国春秋》为僭大号者皆作纪，殊太滥矣。其时已有梁、唐、晋、汉、周称纪，诸国皆偏隅，何得亦称纪耶？其二曰世家。太史公《卫世家》赞"余读《世家》言"云云，是古来本有《世家》一体，太史公用之以记王侯诸国。刘知几《史通·世家篇》曰："司马迁之记诸国也，其编次之体，与《本纪》不殊，盖欲抑彼诸侯，异乎天子，故假以他称，名为世家。按世家之为义也，岂不以开国承家，世代相续。"然孔子以一布衣，栖皇终老，未尝开国承家，而亦列之世家者，太史公见义于赞曰："天下君王至于贤人众矣，当时则荣，殁则已焉。孔子布衣传十余世，学者宗之。"岂不以孔子开来继往，以六艺世其家，胜于天下君王开国承家，以爵土世其家邪？而宋儒王安石《读孔子世家》乃讥之曰："进退无所据"，"自乱其例"，太史公所为致叹于"非好学深思，心知其意，固难为浅见寡闻者道也"。《汉书》则有列传而无世家，虽爵土弗替之王侯，亦以入列传。然传者，传一人之生平也。王侯开国，子孙世袭，故称世家，今一体改列传，而其子孙嗣爵者，又不能不如世家之次其世系。其体世家，其名列传，斯则进退无所据矣。然自《汉书》定例后，历代因之。《晋书》于僭伪诸国数代相传者，不曰世家，而曰载记，盖以刘、石、苻、姚诸君，有称大号者，不得以侯国例之也。欧阳修《五代史》则于吴、南唐、前蜀、后蜀、南汉、北汉、楚、吴、越、闽、南平皆称世家。《宋史》因之，亦作《十国世家》。《辽史》于高丽、西夏，则又变其名曰《外记》。此与《本纪》之变体，而非世家之本然矣。其三曰表。太史公作《十表》，昉于周之《谱牒》，曰：《三代世表》《十二诸侯年表》《六国表》《秦楚之际月表》《汉兴以来诸侯年表》《高祖功臣侯年表》《惠景间侯者年表》《建元以来侯者年表》《建元以来王子侯者年表》《汉兴以来将相名臣年表》，与纪传相为出入。纪传之所有者，则综以挈其纲；纪传之所无者，则该以拾其遗。作史体要，莫大于是。《汉书》因之，作《七表》，以《太史公书三代世表》《十二诸侯年表》《六国表》，皆无与于汉也。其余诸侯王，皆本太史公旧表，而增武帝以后沿革以续之，唯《外戚恩泽侯表》《百官公卿表》则补太史公之所无。至古今人物表，则殊非宜。盖以汉为书，而表综古今，不知限断，刘知几讥之，宜也。见《史通·表历》第七。《后汉书》《三国志》《宋》《齐》《梁》《陈》《魏》《齐》《周》《隋》诸书及《南北史》皆无表，《旧唐书》亦无表，《新唐书》有《宰相表》《方镇表》《宗室世系表》，以增旧书之所无。薛《五代史》无表，欧《五代史》亦无表，但有《十国世家年谱》。按《谱》之建名，起于周代；《表》所作，因谱象形。故桓君山有云："太史公《三代世表》，旁行斜上，并效《周谱》。"谱之于表，其实一也。《宋史》有《宰相》《宗室》二表。而表之多者，《辽史》为最，有《世表》《皇子表》《公主表》《皇族表》《外戚表》《游幸表》《部属表》《属国表》。表多，则传可省。如皇子、皇族、外戚之类，功名卓著者，既为列传，此外无功过者，则传之不胜传，而又不容尽没其姓氏，唯列之于表，既著明其世系官位，而功罪则附书。内而各部族，外而各属国，亦列之为表，凡朝贡叛服征讨胜负之事，皆附书以省笔墨。故《辽史》列传不多，《辽史》列传四十六卷。而一代之事迹赅焉，此作史良法也。《金史》有《宗室》《交聘》二表。《交聘表》数宋人三失，而惜不知守险，不能自强，而切中事机，卓然有良史之风。《元史》有《后妃》《宗室世系》《诸王》《公主》《三公》《宰相》六表，而《明史》五表，则仍诸史之旧有者四，曰《诸王》，曰《功臣》，曰《外戚》，曰《宰辅》；创诸史之新例者一，曰《七卿》。盖明太祖废左右丞相，而分其政于吏、户、礼、兵、刑、工六部，而督察院纠核百司，为任亦重，故合而七也。其四曰书志。《八书》乃太史公所创，以纪朝章国典。《汉书》因之作十志：《律历志》则本于《律书》《历书》也，《礼乐志》则本于《礼书》《乐书》也，《食货志》则本于《平准书》也，《郊祀志》则本于《封禅书》也，《天文志》则本于《天官书》也，《沟洫志》则本于《河渠书》也。此外又增《刑法》《五行》《地理》《艺文》四志。宋儒郑樵作《通志》，开宗明义，以为"书契以来，惟司马迁《史记》，会《诗》《书》《左传》《国语》《世本》《战国策》《楚汉春秋》之言，通黄帝、尧、舜至于秦、汉之世，勒成一书，擅制作之规模。不幸班固非其人，遂失会通之志。由其断汉为书，是致周秦不相因，古今成间隔。"盖归狱于班《书》之断代，无以观其会通也。然其中亦自有别。固之断汉为书者，唯本纪、列传耳。至表则有《古今人物》，所载自秦而往，不言汉事。而《志》之《礼乐》《刑法》《食货》《郊祀》《五行》《地理》《沟洫》诸篇，尤皆上溯邃古，下迄当代；何尝断汉为书而不观其会通耶？盖人物可以间世而一出，不碍断代列传，而典章必有所因而制作，何能置前不论也。至于志《艺文》，则增损刘

《略》，删七为六，通著六艺诸子，皆非汉人著述，更何得谓之断汉为书？《隋书·经籍志》虽变六略而为四部，然兼录古今载籍，则与班同，以为皆其时柱下之所藏也。唐宋《经籍》《艺文》诸志因之。独《明史·艺文》第就二百七十年各家著述，厘次成志，此则断代著录之创例耳，而班《书》不然。然则班《书》断代，只限纪传，而非所论于十志。其后《律历》《礼乐》《天文》《地理》《刑法》，历代史皆不能无。《后汉书》改《地理》为《郡国》，又增《礼仪》《祭祀》《百官》《舆服》四志。《三国》无志。《晋宋》《齐书》大概与前书同，唯《宋书》增《符瑞志》，不知何所取义？史公传《龟策》，以三代圣王重卜筮也。然且为《史通》所疑。见《史通·外篇·古今正史第二》。若东汉而后，图谶之学，直是妖言，篝火狐鸣，帛书牛腹，自昔觊觎非分者，莫不造为符命以摇惑人心。沈休文乃欲以挽力征逐鹿之风，何异扬汤而止沸也。《南齐书》亦分《祥瑞》于《五行》之外，萧子显特欲侈其先世受命，以掩其篡夺之迹耳，休文至此胡为乎？《梁》《陈书》及《南史》无志，《魏书》改《天文》为《天象》，《地理》为《地形》，《祥瑞》为《灵征》，余皆相同，而增《官氏》《释老》二志。《齐》《周》及《北史》皆无志。《隋》《唐》本亦无志，今志乃合《梁》《陈》《齐》《周》《隋》并撰者，其《艺文》则改为《经籍》。《新唐书》增《仪卫》《选举》《兵制》三志。薛《五代史》志类有减无增。欧《五代史》另立《司天》《职方》二考，亦即《天文》《地理》而变其名也。《宋史》诸志，与前史名目多同。唯《辽史》增《营卫》《捺钵》《部族》《兵卫》诸志，其国俗然也。金元《二史》志目，与《宋史》同，唯少《艺文》耳。《明史》志目与《宋史》同，其《艺文志》，著述以明人为断，斯为特例，盖长州尤侗之所草创也。侗有《明艺文志》五卷别行。然考其初载，亦有自来。《北史·宋隐传》载："族裔世景从孙孝王为北平王文学，非毁朝士，撰《朝士别录》二十卷。会周武灭齐，改为《关东风俗传》，更广见闻，成三十卷。"而《史通·书志篇》则云："《艺文》一体，古今是同。详求厥义，当变其体。近者宋孝王《关东风俗传》亦有《坟籍志》，其所录皆邺下文儒之士，雠校之司。所列书名，惟取当时撰者。习兹楷模，庶免讥嫌。"岂《明史·艺文志》者著录群籍，限断当代之例所自昉乎？其五曰列传。传者，转也，转受经旨以授于后，所以诂经，非以叙人物也。而叙人物以为传，则自太史公始。又于传之中，分公卿将相为列传，其《儒林》《循吏》《酷吏》《刺客》《游侠》《佞幸》《滑稽》《日者》《龟策》《货殖》等，又别立名目，以类相从。自后作史者，各就一朝所有人物传之，固不必尽拘太史公旧名也。《汉书》省《刺客》《滑稽》《日者》《龟策》四传，而增《西域传》，盖无其人不妨缺，有其人，不妨增。至《外夷传》，则又随各朝之交兵、通贡者而载之，更不能尽同也。唯《货殖》一款本可不立传，而《汉书》所载《货殖》，又多周秦时人，与汉何涉？《后汉书》于《列传》《儒林》《循吏》《酷吏》外，又增《宦者》《文苑》《独行》《方术》《逸民》《列女》等传，独《儒林传》最为后世所称，五经分类叙次，各先载班《书》所记之源流，而后以东汉习经者著为传，以征师法渊源之所自。列传则《卓茂传》，叙当时与茂俱不仕莽者，孔休、蔡勋、刘宣、龚胜、鲍宣等五人，《来历传》叙同谏废太子者，祋讽、刘玮、薛皓、闾邱宏、陈光、赵代、施延、朱伥、第五颉、曹成、李尤、张敬、龚调、孔显、徐崇、乐闿、郑安世等十七人。此等既不能各立一传，而其事可传，又不忍没其姓氏，故立一人传。而同事者用类叙法，尽附见于此一人传内，其例盖仿于《三国志》。《三国志·仓慈传》后，历叙吴瓘、任燠、颜斐、令狐邵、孔乂等，以其皆良吏而类叙之；《王粲传》后，历叙徐幹、陈琳、阮瑀、应玚、刘桢及阮籍、嵇康等，以其皆文士而类叙之。历官行事，随事附见，以省人人立传之烦，亦见其简而该也。《三国志》传目有减无增，《方术》则改为《方伎》，《方伎传》内，如华陀则叙其治一证，即效一证；管辂则叙其占一事，即验一事，独于《朱建平传》总叙其所相者若干人，而又总叙各人之征验于后，盖仿太史公《扁鹊》等传而变通其意者也。《晋书》改《循吏》为《良吏》，《方伎》为《艺术》，不过稍易其名，又增《孝友》《忠义》二传，其《逆臣》则附于卷末，不另立《逆臣》名目。《宋书》但改《佞幸》为《恩幸》，其二凶亦附卷末。而叙次则多带叙法，其人不必立传，而其事有附见于某人传内者，即于某人传内叙其履历以毕之，而下文仍叙某人之事，如此者甚多。盖人各一传，则不胜传；而不为立传，则其人又有事可传。有此带叙法，则既省多立

## 第十一讲 春秋下

传,又不没其人,此与《后汉》《三国》之类叙,俱为作史良法。但《后汉》《三国》于类聚者,多在本传后方缀履历,此则正在本传叙事中,而忽以带叙者履历入之。此则同而有不同者。其大兵刑,辄以始末备之一传,余文互见。端绪秩然,不克尚友孟坚,固已抗手蔚宗。《齐书》改《文苑》为《文学》,《良吏》为《良政》,《隐逸》为《高逸》,《孝友》《忠义》为《孝义》,《恩幸》为《幸臣》,亦名异而实同。其降敌国者亦附卷末,而类叙传孟坚意,带叙用休文法。《梁书》改《孝义》为《孝行》,又增《止足》一款,其《逆臣》亦附卷末。《陈书》及《南史》亦同。唯《南史》则侯景等另立《贼臣》名目。《魏书》改《孝行》为《孝感》,《忠义》为《节义》,《隐逸》为《隐士》,《宦者》为《阉宦》,亦名异而实同。其刘聪、石勒、晋、宋、齐、梁,俱入《外国传》。《北齐》各传名目无所增改。《周书》增《附庸》一款。《隋书》改《忠义》为《诚节》,《孝行》又为《孝义》,余皆与前史同,而以李密、杨玄感次列传后,宇文化及、王世充附于卷末。《北史》各传名目,与前史同,增《僭伪》一款。《旧唐书》诸传名目亦同前史,其安禄山则附卷末,不另立《逆臣》名目。《新唐书》增《公主》《藩镇》《奸臣》三款,《逆臣》中又分《叛臣》《逆臣》为二,亦附卷末。薛《五代史》增《世袭》一款。欧《五代史》另立《家人》《义儿》《伶官》等传,其历仕各朝者谓之杂传,又分《忠义》为《死节》《死事》二款,又立《唐六臣传》。盖五代时事多变局,故传名亦另创也。《宋史》增

《道学》一款，以别出于《儒林》，又有《周三臣传》，余与前史同。《辽史》亦多同前史，唯改《良吏》为《能吏》，另有《国语解》。《金史》无《儒学》，但改《外戚》为《世戚》，《文苑》为《文艺》，余与前史同，而以金初灭辽取宋，中间与宋和战不一，末年又为蒙古所灭，故用兵之事，较他朝独多，其胜败之迹，若人人铺叙，徒滋繁冗。《金史》则详叙一人以为主，而诸将之同功一体者，旁见侧出，以类相从，有纲有纪，最得史法。亦有《国语解》。《元史》增《释老》，余亦与前史同。《明史》各传名目，亦多同前史，唯《阉党》《流贼》及《土司》三传，则前史之所无。盖貂党之祸，虽汉唐以下皆有，而士大夫趋势附膻，则唯明人为最多，其流毒天下亦至酷，别为一传，所以著乱亡之源，不但示斧钺之诛也。闯、献二寇，至于亡明，剿抚之失，足为炯鉴，非他小丑可比，故别立之。至于土司，古谓羁縻州也，不内不外，衅隙易萌。大抵多建制于元，而滋蔓于明。控驭之道，与牧民殊，与御敌国又殊，故自为一类焉。而其编纂之得当，如数十人共一事者，举一人立传，而同事者各附以小传；如同事者别有专传，而此一事不复详叙，但云语在某人传而已。

  史笔有二：有解偶为散以疏其气者，纪传则有司马迁之《史记》，陈寿之《三国志》，萧子显之《南齐书》，姚察之《梁书》，姚思廉之《陈书》，李延寿之《南北史》，宋祁等之《唐书》，欧阳修之《五代史》，托克托等之《宋史》《辽史》《金史》，宋濂等之《元史》，张廷玉等之《明史》；编年则有司马光

## 第十一讲　春秋下

之《通鉴》；记言则有《战国策》，此一体也。有寓偶于散以植其骨者，纪传则有班固之《汉书》，范晔之《后汉书》，房乔等之《晋书》，沈约之《宋书》，魏收之《魏书》，李百药之《北齐书》，令狐德棻之《周书》，魏徵等之《隋书》，刘昫等之《旧唐书》；编年则有左氏之《春秋传》；记言则有《国语》，此又一体也。大抵凝重多出于偶，流美多出于散，而其枢机之转，只看《国语》《国策》二书便见。昔年李续川与余论文章，问《国语》《国策》之异同？余告之曰："《国语》《国策》，记言体同，而文章攸殊。《国语》寓偶于散，以植其骨，《左传》之枝流也；《国策》解偶为散，以振其气，迁史之前茅也。"续川赞其了当。

一部二十四史，从何说起，而《史记》《汉书》不可不全部读，以其四通六辟，运而无所积，一为史学之开山，一为经部之枝流；一为子家之要删，一为文章之大宗。何以言之？史家二体，编年、纪传，《史记》则以纪传革编年之体，《汉书》又以纪传为断代之祖。故曰史学之开山。《史记·孔子世家》《仲尼弟子列传》《儒林列传》《汉书·律历志》及《艺文志》之《六艺略》，又《儒林列传》，则群经之叙录也。《史记·五帝》、《夏》、《殷》、《周》诸本纪、《三代世表》，与《尚书》相表里，《十二诸侯年表》、《吴太伯》、《齐太公》、《鲁周公》、《燕召公》、《管蔡》、《陈杞》、《卫康叔》、《宋微子》、《晋》、《楚》、《越王句践》、《郑》十二世家，与《春秋左传》相表里。《礼书》《乐书》，与《礼记》相表里。至《汉书·地理志》，推表山川，则《尚书·禹贡》之传，《五行志》征应五事，又《尚书·洪范》之传，而《礼乐志》为《戴礼》之支裔，《百官志》又《周官》之继别，故曰经部之枝流。《史记》列传，管、晏、老子、庄子、申不害、韩非、司马穰苴、孙武、吴起、商君、孟轲、驺衍、淳于髡、慎到、荀卿诸子，即叙次其生平，又推论其著书，于书即为叙录，于人遂为列传，而《太史公自序》要指六家，《汉书·艺文志》亦略诸子，纂言钩玄，若网之有纲。故曰子部之要删。《史记》积健为雄，疏纵而奇，以为唐宋八家散行之祢。《汉书》植骨以偶，密栗而整，以开魏晋六朝骈体之风。文章变化，不出二途。故曰文章之大宗也。读一书抵千百书。

余于二十四史，《史记》外喜读陈寿《三国志》，以其工描写而别出机杼。史公笔意诙诡，寻常人物，亦描写不寻常，如《游侠》《滑稽》《货殖列传》是也。陈寿辞旨雅澹，极不寻常人物，而能描写其寻常，如袁绍、公孙瓒、诸葛亮等传是也。而明人归有光《震川文集》中之《先妣事略》《寒花葬志》《项脊轩志》，只以寻常笔墨，写寻常细碎，却自风神疏澹，别饶意趣。姚惜抱每谓："归震川之文，于不要紧之题，说不要紧之话。"余谓史公能于不要紧之题，说要紧之话；陈寿乃于要紧之题，说不要紧之话，各具一付本领。而震川只于不要紧之题，说不要紧之话，后来人穷老尽气，尽自赶不上也。

三儿钟英问四史文章，孰为优劣？余告之曰："马、迁短长相生，而出以雄肆。班、范奇偶错综，而求为雅练。陈寿《三国》，

## 第十一讲 春秋下

雄肆不如太史公，雅练又逊《前》《后汉》，而清微淡远，妙造自然。柳子厚得其清简，而化以奥峭，其品峻。欧阳永叔似其淡远，而出以荡逸，其神暇。此中低昂，非汝钝根人所能会。"

唐太宗以何法盛等前后晋史十有八家，制作虽多，未能尽善，命房乔等重加撰次，分类纂辑，以成《晋书》，借功众手，指归不一，详略失当。加之半出词臣，言多骈俪，不合史裁，诃讥者众。刘知几《史通·杂说》则诋之曰："近者宋临川王义庆著《世说新语》，上叙两汉三国及晋中朝江左事。刘峻注释，摘其瑕疵。伪迹昭然，理难文饰。而皇家撰《晋史》，多取此书，遂取康王之妄言，违孝标之正说。以此书事，奚其厚颜。"而清修《四库全书总目》尤相讥切，以为："其所褒贬，略实行而奖浮华；其所采择，忽正典而取小说。宏奖风流，以资谈柄，是直稗官之体，安得目曰史传？"至道光间，荆溪周济止庵撰《晋略》一书，举《晋书》中之繁芜浮诞，及义所未安，言之不顺者，悉汰之，文省而事增，什七折衷，依于司马光《通鉴》；事以类附，例以义起，为《本纪》六，《表》五，《列传》三，《十六国传》十一，《汇传》七，宗室、笃行、清谈、任达、良吏、文学、隐逸。《序目》一，计六十六篇。事即前史，言成一家。其诸论赞中，于攻取防守地势，必反复曲折，确有指归，俾览者得所依据。自言"此书为一生精力所萃，实亦一生志略所寓也。"则以寓平生经世之学，借史事发挥之，邃识渺虑，非徒考订笔力过人。

南朝四书，《宋》《齐》《梁》《陈》，其文章当以《梁书》

称首，而为八家古文之前茅。赵翼《廿二史劄记》每极称之，以为："行文自出炉锤，直欲远追马、班。盖以时争尚骈俪，即叙事之文，亦多四字为句，罕有用散文单行者。《梁书》则多以古文行之。如《韦叡传》叙合肥等处之功，《昌义之传》叙钟离之战，《康绚传》叙淮堰之作，皆劲气锐笔，曲折明畅，一洗六朝芜冗之习。《南史》虽称简净，然不能增损一字也。至诸传论，亦皆以散文行之。魏郑公《梁书总论》犹用骈偶，此独卓然杰出于骈四俪六之上，则姚察父子为不可及也。世但知六朝之后，古文自唐韩昌黎始，而岂知姚察父子，已振于陈末唐初也哉？"所论精卓不磨。

北朝四书，《魏》《齐》《周》《隋》，独《魏书》最被谤议，号称秽史，《北齐书·收本传》具著其迹。独《四库全书总目》为之辨正，互考诸书，证其所著亦不甚远于是非，其辞甚备。而余读《北齐书·收本传》曰"修史诸人，祖宗姻戚，多被书录，饰以美言"，寻所云"修史诸人"，收实总其成。而仁和谭献《复堂日记》则云："阅《魏书·恩幸传》首列王叡，其子椿即收之姑夫，而传称：'魏抚兄子收，情同己子。'乃不以旧恩曲回史笔。直道如此，犹蒙秽称。"此一事为总目所未及，足为古人雪谤，然魏收仕于北齐，修史正在齐宣文时，故凡涉齐神武在魏朝事，必曲为回护。而欲以齐继魏为正统，故自孝武后，即以东魏孝敬帝继之，而孝武西迁后诸帝，不复作纪。按齐神武起兵讨尔朱氏，废节闵，会朝臣议，佥谓孝文不可无后，故立孝武，天下共以为主已三年，寻与神武不协，乃走关中，依宇文泰。神武别立清河王亶子善见为帝,是为东魏。而孝武为西魏,是则魏统之所系。孝武崩,文帝立。文帝崩,废帝、恭帝继之,皆魏之正统也。魏澹作《魏书》,以西魏为正统,自是正论,惜其书不传。故西魏文帝等纪年纪事,转见于《周书》文帝即宇文泰纪内,在《周书》为赘悬,在《魏书》为阙漏。让清嘉庆间,南康谢启昆蕴山乃撰《西魏书》,以续《魏书》,为纪一,表三,考四,传十二,载记一,凡二十四卷。著其兴衰治乱,详于因革损益。卷帙不广,条目悉具。编年纪月以经之,旁行斜上以讳之。辑北朝之遗闻,补《魏书》所未逮。其考《纪象》也,兼正光之推步,较《天象》而益精焉。其考疆域也,订大统之版图,较《地形》而更密焉。其考氏族也,厘代都之门望,较《官氏》而尤详焉。其为《封爵》《大事》诸表也,则于魏收所未备者,取法于迁、固而加核焉。特以周、隋两朝人物之曾仕西魏者凡三百余人,《周书》列传,非西魏臣者十无一二,势难废《周书》而改为西魏,其为列传,以宇文受禅为断,而下仕周、隋者,即不为立传,虽尉迟迥、独孤信之伦,勋业烂然,亦严立限断,听其入于《周书》。然《封爵表》载其爵秩大事,《异域表》载其勋略,《百官表》载其所为柱国大将军之官,以与列传互为补苴,但录其事,不载其人,以为方纽效绩于荆襄,究非魏之勋旧。而如尉迟建功于庸蜀,自属周之臣子也。他如孝武谋去彊臣,非为失德,而《周书》攸纪,横谓斛斯椿为群小,王思政为诡佞,皆是曲笔,岂为谠言?今一洗之,概从其实,斯尤明直道之公而以征良史之笔焉。

《新唐书》本纪、志、表题欧阳修撰，列传题宋祁撰。论者无不右欧阳而议宋氏，其实皆一孔之士，不足与论古。独谭献《复堂日记》谓："《唐书》文体宏远，亦云史才。好用新字，更改旧文，多可笑呵。如'师老'为'师耄'，'不可忍'为'叵可忍'，'不敢动'为'不可摇'，直儿童语。宋祁亦雅才，何以有此弊？究其师法，殆退之作佣耳。宋与欧阳，皆崇信退之，乃学焉而各得其性之所近。"其弟子余杭章炳麟太炎遂申其意曰："退之石刻，转益瑰怒。而宋世效韩氏为文章者，宋子京得其辞，欧阳永叔得其势。"《天放楼文言序》。辞尤明析。而朱一新《无邪堂答问》则尤力为子京张目，以为："《新唐书》实远过《旧唐书》。子京之文，虽未追踪班、马，亦足陵跨六代。宋人多讥之，贵远忽近之见耳。范、陈而后，自欧《五代》、李《北史》与《隋书》外，未有及《新唐书》者。然欧《五代》过求简严，多所刊略。《新唐书》则无此失，虽用字间有生窜，此学古而未纯熟，然亦不至轧茁以为古。刘刘昫撰《旧唐书》。薛薛居正撰《旧五代史》。以下诸史，文词冗沓，正当以此救之。未有不简奥而可为古文者。欧《五代史》疏漏诚有之，而近人吹垢索瘢，殊多苛论。即如钱大昕《养新录》讥'契丹立晋'之文，谓袭《春秋》'卫人立晋'而误。不知欧意，谓晋恃契丹以立国，甚其辞以丑敬瑭耳。《晋纪》徐徐无党注甚明。曾谓欧公不悟《春秋》之晋为人名乎？昔人言以字字有来历，求《杜诗》，而《杜诗》反晦，汉学家亦往往有此。陈寿《三国志》以上，作史者莫不有微旨存焉。史之芜，自沈约、魏收始。故《新五代史》为足贵。特其词旨甚明，而无微显志晦之意，故去三史尚远，要亦时代为之。至近世之史，乃长编耳。"此为得实之论。其后马令、陆游《南唐书》，皆有意仿欧《五代》，而马令雅赡，陆游简洁，又以不同。然陆《书》后出，说者多以为马所不及。而谭献《复堂日记》独以为："陆游《南唐书》简而失之略，不如马令书详赡雅令，独持正统之说为陋。徐氏于中原，岂有君臣之义哉？此则不如陆《书》，而有类族辨物之义，亦远胜陆之合传不伦。惟其前后序赞，辄冠以呜呼。欧《五代》创为此体，已有讥议，顾乃扬其波呼？"其论颇极核也。

元修《宋》《辽》《金》三史，论者所不贵，然余谓文章放笔为直干，赡而得老，约而能肆，得太史公之意者，二十四史中，当以《金史》为最。不为宋子京之轧茁为古，亦异欧《五代》之摇曳弄姿，其宣、哀以后诸将列传尤佳，以取材元好问手笔者为多也。自宋而后，由退之而学史公者，得二人焉：曰欧阳修，曰元好问。欧阳南士力薄，故为萧闲，摹退之之韵，以得史公之逸。元氏北人气厚，力能健举，学退之之肆，以得史公之劲。降而让清姚姬传摹史公，取径欧阳，故纡徐为妍，而多弱笔。曾湘乡学退之，不由遗山，斯矫怒作势，而有冗词。亦文章得失之林也。

《金史》简老，《明史》该赡，于近代史皆称良笔。而《明史》即以王鸿绪《明史稿》为蓝本，乾隆四年，大学士张廷玉等成书表进，中有云"惟旧臣王鸿绪之史稿，经名人三十载之用心，首尾略具，事实颇详，爰即成编，用为初稿"者也。鸿绪《明史列传稿》二百八卷，别出为书，实出鄞县万斯同季野手笔。斯同世娴明故，萃毕生精力为之，世有博综之目，而论者谓馆臣轻于改窜，不免点铁之讥，然余读汪由敦《松泉文集》中有《答明史馆某论史事书》曰："王本列传，聚数十辈之精华，费数十年之精力，后来何能追躅万一？若存诋诽之见，非愚则妄。但就其中如韩林儿四人为一传，张士诚四人为一传，似尚以卷帙多寡而定，非别有义例也。去冬高安先生朱轼谓韩林儿、郭子兴不应同传。退而思之，太祖曾用龙凤年号，似不必为讳。且用龙凤年号，称宋后，亦何损于太祖得天下之正。今议其不当用，可也。以为不足存而删之，则事之非义者当概删耶？似非所以传信也。昨因重费商量，谬拟群雄混合之说，亦因王本韩、郭与徐寿辉、陈友谅同传，亦无不可，与张士诚、方国珍诸人同传，虽曰调停，实仍旧贯。今若以韩林儿与群雄同列，而子兴独为一传，或与高安意允协。盖滁阳封王立庙，原与林儿不同，亦有义例，非敢模棱也。"按今《明史》，郭子兴、韩林儿同传，陈友谅、张士诚、方国珍、明玉珍同传，不同王稿，亦不用汪议。盖以郭、韩为太祖之所事，陈、张四人为太祖之所敌，亦各从其类也。揆之事例，实为允洽。汪氏书又曰："杨宪奸险小人，王本以官爵列李善长传后，然人实不伦；应否别附，均裁定。"又曰："王稿视《名山藏》《明书》诸本，不啻远胜。明邓元锡撰《明书》四十五卷，清初傅维鳞撰《明书》一百七十一卷，《名山藏》不知何人所作。今若无所据依，信笔增损，则其行文疵谬颇少，读至终篇，一无可议。然但略改文法，益足形其浅陋。惟有考证事

## 第十一讲 春秋下

实,或有脱漏互异及前后倒乱之处,补其不逮,庶为王氏功臣。但稗官野史,胜说丛谈,无足征信,而实录编年系月,事迹厘然,虽是非褒贬,不足为凭,而一人之出处,及所建之言,所任之事,首尾具在,明白无疑。故查《实录》以改原文,视臆断较有把握。外间推崇王本太过,遂谓不可增损。今即以行文而论,《江陵传》自是神宗朝第一大传,而王稿竟就《史料·首辅传》删节成文,其中描写热闹处,皆弇州笔。弇州逞才使气,抑扬轩轾之间,往往过情,平心观之自见。且私书不妨装点,而乃据为信史,即令弇州知之,恐亦未免失笑。神、光以后,此类甚多"云云。据此,则知当日馆臣窜改王稿,原极矜慎,而匡正其失,亦非故为索瘢之论。至嘉庆间,礼亲王昭梿为《啸亭续录》,中有论《明史稿》一条曰:"向闻王横云《明史稿》笔法精善,有胜于馆臣改录者。近日读之,其大端与《明史》无甚出入,其不及史馆定者,有数端焉。惠宗逊国,事本在疑似之间。今王本力断为无,凡涉逊国之事,皆为删削,不及史臣留程济一传以存疑。永乐以藩臣夺国,今古大变。王本于燕多恕辞,是以成败论人,殊非直笔。然则吴濞、刘安辈亦足褒耶?不及史臣厚责之为愈。至于李廷机与沈潅、沈一贯,毕自严与陈新甲同传,未免鸾枭并栖,殊无分析,不如史臣之分传也。周延儒温体仁二相为戕削国脉之人,乃不入奸臣,而以顾秉谦辈龌龊当之,亦未及史臣本也。其他谬戾处,不可胜纪,史臣皆为改正。盖首创者难工,继述者易善也。惟《三王福、唐、桂三王。本纪》,较史本为详。至于奏牍多于辞令,奇迹罕于庸行,则二史病处正同，殊有愧于龙门，惟视《宋》《元》二史为差胜也。"论颇持平。又推本《春秋》诛心之律，以为："王尚书鸿绪左袒廉王康熙之子。以谋夺嫡。读《明史稿》，于永乐篡逆，及姚广孝、茹瑺诸传，每多恕辞，而于惠帝，则指摘无完肤。盖其心有所阴蓄，不觉流露于书。故古人不使奸人著史以此。王司徒允之言，未可厚非也。"则尤辞严而义正矣。

昔刘知几撰《史通》，述史有六家，而归于二体。然编年之体，只具人事得失，而纪传攸作，兼详典章因革。若其举一朝之将相除拜，封爵袭替，而丝联绳贯以为之表，罗一代之兵刑礼乐、文物制度，而原始要终以为之志，此则纪传之所独，而为编年有未逮也。独怪后之为纪传者，马、班而还，徒萃精于纪传，如陈寿、李延寿书，皆无表、志。沈约、萧子显、魏收书，及唐初所修各史，皆有志无表。《旧唐书》《五代史》亦如之。其有志有表者，又或详略失宜，读史者病焉。至宋熊方、钱文子乃有补志、补表之作。爰及前清，踵出者众，网罗放矢，开卷厘然。上海姚文枬尝仿史汉叙传之体，叙录其书，然而未尽。辄为补其阙遗，著目于下。

西汉郡国、兵制，孟坚附入《刑法志》。京师卫士，见于《百官表》。不立兵志，非疏阙也。录钱文子《补汉兵志》一卷。搜采本书，使散者毕萃，虽云借抒胸臆，于史学亦有功矣。

宋以前十七史，自《史记》《汉书》外，唯《新唐书》有表，余盖阙如。录万斯同《补历代史表》五十九卷。娲皇之石，厥功伟哉！

史之无表，自后汉始。录熊方《补后汉书年表》十卷，盖补表之荜路蓝缕矣。然海昏、不其、寿亭各条，《四库全书总目》纠之。后有作者，削其瑕疵，摭其未备，以成一书，抑亦熊氏之功臣也。录钱大昭《后汉书补表》八卷。

艺文有志，昉于班《书》，以辨章学术。而隋唐宋明，亦有著录。或称经籍，名异实同。而《后汉书》以下，多阙不为者。嘉定钱氏，史学世家，考镜群籍，补其放阙。继起有作，亦复不鲜。录钱大昭《补续汉书艺文志》二卷，侯康《补后汉艺文志》四卷，《补三国艺文志》四卷，姚振宗《补后汉艺文志》四卷，《三国艺文志》四卷；曾朴《补后汉书艺文志》一卷、《考》十卷，秦荣光《补晋书艺文志》四卷，顾怀三《补五代史艺文志》二卷，钱大昕《补元史艺文志》四卷，倪璠《补辽金元三史艺文志》一卷。

郝冀公《续后汉书》，有《职官录》，然杂《史记》前后《汉书》《晋书》之文，纪载冗沓，未可据为三国典要。况《班书·百官表》实承《史记》将相大臣年表之例。后世史臣，但为之志，失初意矣。录洪龆孙《三国职官表》三卷。

兵之有志，始于《新唐书》。自是乐清钱氏文子遂起而补《汉书》之阙。越数百年，乃复有钱氏者，起而补《晋书》之阙，若有渊源者然。录钱仪吉《补晋兵志》一卷。

崔鸿作《十六国春秋》，并为年表，今久佚矣。录张庭硕《十六国年表》一卷，以太史公《十二诸侯》《六国年表》《秦楚之际月表》例之，虽补入《晋书》可也。

自汉以来，言地理者宗班《志》。司马彪《续汉书志》，差可继武。嗣后群雄纠纷，疆域割裂，志之也愈难，而志之疏且阙也弥甚。然为其所难，正当于群雄纠纷时见之。有能究心于此而为其所难，岂不可珍也哉。录洪亮吉《三国疆域志》二卷、《东晋疆域志》四卷、《十六国疆域志》十六卷。

今《隋书》十志，乃梁、陈、齐、周、隋五代史志，《史通·古今正史篇》可证，则谓《梁书》无《地理志》不可也。然《晋书》有《地理志》，而洪亮吉《东晋》一种，史学家珍之，况梁固未有专志乎？录洪齮孙《补梁疆域志》八卷。

尝怪司马彪志《舆服》，沈约、萧子显志《符瑞》《祥瑞》，而《食货》《兵刑》之大阙焉。轻重颠倒，莫此为甚。后汉南齐，未有为之补辑者，录郝懿行《宋书刑法志》一卷、《食货志》一卷。

李延寿《南北史》无表、志。录汪士铎《南北史补志》十四卷。然沈约、萧子显、魏收及唐之史臣，既各为之志矣。虽阙有间，则志固可以缓补，而表则不可不补者也。录周嘉猷《南北史表》六卷。

魏收作《魏书》，立《官氏志》。托克托修《金史》，立《部族表》。有元起自北方，宜同斯例，而史臣阙焉，是安可以不补？录钱大昕《元史氏族表》三卷。

凡补志十四家，成书八十八卷，补表七家，成书九十卷，斯诚稽古之渊薮，而为史家之别录也。

读史当知史例史意。刘知几《史通》明史例，章学诚《文史通义》籀史意，而赵翼《廿二史劄记》每一史融贯全书，而类族辨物，出以互勘，极《春秋》属辞比事之能事，史例史意，互发交明，远胜钱大昕《廿二史考异》、王鸣盛《十七史商榷》之琐碎考证。钱氏《考异》、王氏《商榷》，咸主考证，而有不同。谭献《复堂日记》谓："钱氏《考异》，体例尤严。论著述，则钱托体高。论启发，则王为功多。"诚哉是言。

读史尤贵贯串。编年之史，莫如司马光《资治通鉴》、毕沅《续资治通鉴》。纪事则有高士奇《左传纪事本末》、袁枢《通鉴纪事本末》、陈邦瞻《宋史纪事本末》《元史纪事本末》、谷应泰《明史纪事本末》，皆贯串群史之书。掌故则《三通》并称。然郑樵《通志》，唯《二十略》为精义独辟，余皆杂钞史文，故应不如《通典》之义蕴宏深。杜佑《通典》通经义以贯史实，与章学诚《文史通义》推史义以穷经学，疏通致远，则书教也，皆振古奇作。而论典制详赡，莫如马端临《文献通考》，宜与《司马通鉴》同读。《通鉴》编年系月，以通贯历代之事实；《通考》博学详说，以通贯历代之典章。《通鉴》为二十四史纪传之总会，《通考》为二十四史书志之总会，相为经纬，可改称为二通也。

读史尤当知地理。而太仓陆桴亭<sub>世仪</sub>每教人"欲知地理，须是熟看《通鉴》，将古今来许多战争攻守去处，一一按图细阅。天下虽大，其大形势所在，亦不过数项。如秦、蜀为首，中原为脊，东南为尾。又如守秦、蜀者，必以潼关、剑阁、夔门为险。守东南者，必以长江上流荆、襄为险。此等处，俱有古人说过做过，只要用心理会。其或因事远游，经过山川险易，则又留心审视，以证吾平日书传之所得，久之贯通，胸中自然有个成局"。然而托之空言，未及见之行事之深切著明。吾乡顾祖禹景范为《读史方舆纪要》一百三十卷，中《历代州域形势》九卷，《南北直隶十三省封域山川险要》一百十四卷，《川渎异同》六卷，《天文分野》一卷，而开方绘图以冠于编，贯穿诸史，出以己所独见，征引浩博，考证详明，于山川形势险易古今战守攻取成败得失之迹，皆得其要领。以古今之方舆，衷之于史，即以古今之史，征之于方舆。职方广舆诸书，袭讹踵谬，名实乖错，悉据正史考订折衷之。其后清高宗敕撰《通鉴辑览》，而地理之志，多采其说焉。此真数千百年所绝无而仅有之书也。然有开必先，未尝无所本。宋儒王应麟为《通鉴地理通释》十四卷，其书以《通鉴》所载地名异同沿革，最为纠纷，而险要厄塞所在，其措置得失，亦足为有国者成败之鉴，因各为条例，首历代州域，次历代都邑，次十道山川，次历代形势，而终以唐河湟十一州、石晋十六州、燕云十六州，旁征博引，有本有末，虽不及《读史方舆纪要》之博该，而规模粗具，叙列朝分据战攻，陈古监今，倘为顾氏之大辂椎轮焉。

有史学家，有史家。史家记事述言，次第其文，左丘明、太史公是也。史学家发凡起例，籀明其义。刘知几、章学诚，是也。刘知几作《史通》，章学诚纂《文史通义》，千载相望，骈称绝学。然而有不同者：刘知几别出经生，而自成史家。章学诚综该经学，而贯以史例：刘知几著书言史法，章学诚发凡籀史意。刘知几议馆局撰修之制。章学诚明一家著述之法。其大较然也。

## 第十一讲 春秋下

章学诚尝以世士以博稽言史，则史考也。以文笔言史，则史选也。以故实言史，则史纂也。以议论言史，则史评也。以体裁言史，则史例也。唐宋至今，积学之士，不过史纂史考史例。能文之士，不过史选史评。其间独推刘知几、曾巩、郑樵皆良史才，生史学废绝之后，能推明古人大体。然郑樵有史识而未有史学，曾巩具史学而不具史法，刘知几得史法而不得史意。故欲遍察其中得失利病，为一家之学，上探《尚书》《春秋》，下该迁《史》班《书》，甄别名实，品藻流别，约为科律，为《文史通义》一书。窃尝隐括其意，以明史法，必备三书，具三物，历二程，参二法，而后可以成家。就类例言，当备三书，仿纪传正史之体而作《纪传》，仿律令典礼之体而作《掌故》，仿文选文苑之体而作《文徵》。三书相辅而行，阙一不可。合而为一，尤不可也。而要其原本于六经。六经皆史也，后世袭用而莫之废者，唯《春秋》《诗》《礼》三家之流别耳。《纪传》正史，《春秋》之流别也；《掌故》典要，《官礼》之流别也；《文徵》诸选，《风诗》之流别也。获麟绝笔以还，后学鲜能全识古人之大体，必积久而后渐推以著也。马《史》班《书》以来，已演《春秋》之绪矣。刘氏《政典》、杜氏《通典》，始演《官礼》之绪焉。吕氏祖谦《文鉴》、苏氏天爵《文类》，乃演《风诗》之绪焉。并取括代为书，互相资证，无空言也。就组织言，当具三物，孟子曰"其事""其文""其义"，《春秋》之所取也。夫史之为道，文士雅言，与胥吏案牍皆不可用，然舍是二者，则无以为史。即簿牍之事，而润以尔雅之文，而断之以义。譬之人身，事者其骨，文者其肤，义者其精神也。必断之以义，而书始成家。故史之大原，本乎《春秋》。《春秋》之义，昭乎笔削。笔削之义，不仅事具始末，文成规矩。以夫子"义则窃取"之旨观之，固将纲纪天人，推明大道，所以通古今之变，而成一家之言者，必有详人之所略，异人之所同，重人之所轻，而忽人之所谨，绳墨之所不可得而拘，类例之所不可得而泥，而后微茫秒忽之际，有以独断于一心。及其书之成也，自然可以参天地而质鬼神，契前修而俟后圣，此一家之学所以可贵也。就程序言，当历二程。由比类而著述。班氏撰《汉书》，为一家著述矣。刘歆、贾护之《汉记》，其比类也。司马撰《通鉴》，为一家著述矣。二刘、范氏之《长编》，其比类也。比次之书，则掌故令史之孔目，簿书记注之成格，不名家学，不立识解，以之整齐故事，而待好学深思、心知其意者之裁定。其事虽本柱下之所藏，其用止于备稽检而供采择，初无他奇也。然而独断之学，非是不为取裁。就述作言，当参二法。一曰文集而参纪传之法，二曰纪传而参本末之法。史之纪传，事不复出，蕲于互见。如《史记》《汉书》，于《高纪》，则云语在《项传》；于《项传》，则曰事具《高纪》。如此者多。匪唯纪传为然。古人之文，一集之中，亦无重复。且如称人之善，见于祭文，则不复见于志；见于志，不复见于他文，后之人读其全集，可以互见也。又有互见于他人之文者。刘梦得作《柳子厚文集序》曰："凡子厚名氏，与仕，与年暨行己之大方，有退之之志若祭文在。"欧阳公作《尹师鲁志》，不言近曰古文自师鲁始，以为范公祭文已言之，可以互见。事无重复，文相牝牡，此之所略，彼之所详。此文集而参纪传之法者也。特是纪传苦于篇分，同为一事，分在数篇，断续相离。司马光《通鉴》病纪传之分，而合之以编年。袁枢《纪事本末》又病《通鉴》之合，而分之以事类。纪事本末之作，本无深意，而因事命篇，不为成法，文省于纪传，事豁于编年，则引而伸之，扩而充之，遂觉穷变通久，以复于《尚书》之因事裁篇，反本修古，不忘其初。而诸史有作，人有同功一体，传以类聚群分。以人为经，以事为纬，《金史》《明史》，厥例尤多。盖承袁氏《本末》之体，而会其意者也。此纪传而参本末之法者也。逊清作者，代不乏人。文集而参纪传之法者，余姚邵廷寀念鲁《思复堂文集》是也。纪传而参本末之法者，邵阳魏源默深《元史稿》是也。邵氏之集，章学诚之所及见者也。《思复堂文》，多为明人传记，以存一代掌故，与四明全氏祖望《鲒埼亭集》同指，而全氏著书尝排诋之。然论文章，则不如《思复堂》远甚。盖全氏修辞饰句，芜累甚多，不如《思复堂》辞洁气清。若其泛滥驰骤，不免蔓衍冗长，不如《思复堂集》雄健谨严，语无枝剩。至于数人共为一事，全氏各为其人传状碑志，叙所共之事，复见叠出，不知古人文集，同在一集之中，必使前后虚实，分合之间，互相趋避，乃成家法。而全氏不然。以视《思复堂集》全书止如一篇，一篇止如一句，百十万言，若可运于掌者，相去又不可以道里计矣。魏氏之史，章学诚之所未及见也。其书大体以《开国功臣》《平金功臣》《平蜀功臣》《平宋功臣》《某朝相臣》《某朝文臣》《治历治水诸臣》等名,为列传标题,然后以一人为主,而与之有关者,胥以类叙入,每篇之首,先提纲挈领,为之叙述,以清眉目,原始要终,主从分明。是则仍纪传之体而参末之法,神明其意,为从此百千年后史学开山。章学诚别出心裁,而语欠融贯,为条其凡如此。

一生问现代史学之趋势若何?余告之曰:现代治国史者不外两派,大抵言史例史意者一派,绍明章学诚之绪论,如张尔田、何炳松,是也。一派考证上古,以疑经者疑史,扬康有为之唾余;顾颉刚为此中健者。张尔田著《史微》,顾颉刚著《古史考》,皆为后生所喜诵说。然而语多凿空,意图骋臆。独严复每劝人读《宋元明史》,以为"吾侪今日思想风俗政治,直接间接,可于《宋元明史》籀其因果律"。顾独无为之者。不过宋元明事证确凿,时代相接,不如上古荒渺之便于凿空、史例史意之可骋臆谈耳。

丁生学贤来,谈上古史,涉《竹书纪年》。余告之曰:君子治学,总须不囿于风气,而卒为风气所囿者,俗学也。即以上古史而论,《竹书纪年》岂可为典要,而世论偏疑太史公而信《纪年》,又或执以难《尚书》,此真大惑不解。第一,世所传《竹书纪年》,不必即出西晋人所见。第二,作者原书,必出西晋忿世疾俗之士,所谓"舜、禹之事,吾知之矣",以寄其慨。《晋书·束皙传》:"太康二年,汲郡人不准盗发魏襄王墓,或言安釐王冢,得《竹书》数十车。其《纪年》十三篇,记夏以来至周幽王为犬戎所灭,以事按之,三家分晋,仍述魏事至安釐王之二十年。

盖魏国之史书，大略与《春秋》皆多相应。其中经传大略，则云：'夏年多殷，益干启位，启杀之，太申杀伊尹，文丁杀季历'"云云。世传《纪年》起自黄帝，而不止记夏以来，至云"夏年多殷，益干启位，启杀之"，则又今本之所无。盖今本《纪年》夏自禹至桀十七世，有王与无壬，用岁四百七十一年，商、汤灭夏以至于受二十九王，用岁四百九十六年，则是夏年不多于殷也。又云："禹立四十五年，禹荐益于天。七年，禹崩，三年丧毕，天下归启。帝启元年癸亥，帝即位于夏邑。二年，费侯伯益出就国。六年，伯益薨，词之。"则是益不干启位，亦无启杀之之事也。既与《晋书》所称大异，而黄伯思《东观余论》历引杜预以为驳难，谓："预云《纪年》起自夏、商、周，而此自唐、虞以降皆录之。预云《纪年》皆三代王事，无诸国别，而此皆有诸国。预云《纪年》特记晋国，起殇叔，次文侯、昭侯，而此记晋国世次自唐叔始，是二者又与《纪年》异矣。及观其纪岁星事，有杜征南洞晓阴阳之语。"即此可征世所传《纪年》，匪西晋人所云《汲冢书》明也。《汲冢书》，作者必出当日畸士，如嵇康之辈，目睹曹魏、司马氏借禅让以行篡弑，意有所郁结不得摅，托古讽今，故为谬异其说。陈寿《魏志·文帝丕传》叙受汉禅，乃为坛于繁阳。裴松之注引《魏氏春秋》曰："帝升坛礼毕，顾谓群臣曰：'舜、禹之事，吾知之矣。'"《王粲传》附嵇康，裴松之注引《魏氏春秋》曰："山涛选曹郎，举康自代。康答书拒绝，因自说不堪流俗，而非薄汤、武。大将军司马昭闻而怒焉。"康《与山巨源绝交书》自称："每非汤、武而薄周、孔，会显世教之不容。"而《纪年》云："益干启位，启杀之。"又云："伊尹放太甲于桐，乃自立。王潜出自桐，杀伊尹。"与孟轲称说不同。此真所谓"非汤、武而薄周、孔，会显世教所不容"者也。特干忌讳，故托出汲冢，以避世罔耳。在作者别识心裁，特以发慨。而必据为典要，以疑《尚书》，则甚矣人之好怪也。

# 第十二讲　小学

　　诂与训有殊。诂者所以通古今之言，训者所以籀章句之指。诂者，古言也。古今异言，以今言解古言，使人易知也。训者，顺也。圣人发言为经，语有缓急，顺以为解，勿乖其指也。二者交济，莫可一阙。诂而不训，其失则拘而流于琐，汉儒是也。训而不诂，其弊也臆而失之疏，宋儒是也。自昔解诂，必本声音。先择同音之字，如《中庸》："仁者，人也。"不获，乃求之一音之转，如"义者，宜也。"不获，乃求之双声，如《易传》："象者，材也。""渐者，进也。""颐者，养也。"《孟子》："序者，射也。"又不得，乃求之叠韵，如《易传》："乾，健也。""坤，顺也。""坎，陷也。""离，丽也。"《孟子》："庠者，养也。""校者，效也。"声韵咸不可得，乃求诸习惯易知之字。《尔雅·释诂》，汉儒笺经，大率如此，可考而按也。

　　刘熙《释名》，以谐声解诂，得《尔雅》之意。许慎《说文》，以同体分部，本《急就》之语。

休宁戴震东原为汉学大师，皖派开山。每谓有志闻道，当先从事于字义制度名物，以通六经之语。考诸篆书，由《说文》以睹古圣人制作本始；更念《尔雅》，为承学津筏，又殚心其书，遂为后来治学者开一法门。其学一传而为金坛段玉裁懋堂。段玉裁阐扬师说，穷微极博，撰《说文解字注》，因字形以说字音字义，谓："《说文》《尔雅》相为表里。治《说文》，而后《尔雅》及传注明。《说文》《尔雅》及传注明，而后谓之通小学，而后可通经之大义。"而于是汉学之机括以发。然《尔雅》本为诂经，而《说文》只以解字。桐城方东树植之为《汉学商兑》，辨之极详，其大指以为："许君自序，缘秦初作隶书，而古文绝。汉初，犹试讽籀书，试八体。而后尉律不课，小学不修，莫达其说。宣、平以后，张敞、杜业、扬雄诸儒，通其学者，著《训纂篇》等书，始稍稍略复存之。及新莽居摄，甄丰颇改定古文，而《壁书》及张苍所献《春秋左氏传》，及郡国所得山川古文，时人不识，共相非訾，诡更正文，乡壁虚造，变乱常行，不合孔氏古文，谬于篆，故博采通人，考之贾逵，作《说文》。其书以秦篆为本，合以《史籀》大篆及古文。古文者，《易》孟氏，《书》孔氏，《诗》毛氏，《礼》《周官》《春秋》左氏、《论语》《孝经》及山川奇字。据此云云，是许君作《说文》，本以经古文解说文字，非以文字训诂经义。许冲上表言：'今五经之道，昭炳光明。而文字者，其本所由生'云云，语意分明。盖谓经义本解已著，此特引证，用以说解文字耳。《说文》既作，复作《五经异义》，则许氏未尝以专用

## 第十二讲 小学

《说文》足证经矣。《说文》所引经文，多有一字殊见。如《易》既引'以往吝'，又引'以往遴'；《书》既引'旁述孱功'，又引'旁救僝功'，'方鸠僝功'；《诗》既引'褎袊'，又引'继绊'；《论语》既引'色勃如也'，又引'色艴如也'，此类甚多。当由经师各承一家之学，各以所见为定本，是以不合，而许君亦不能定之。今于许君所不能定，而欲求之《说文》以定，益以惑矣。《说文》所引异字，即今经文读某之字，洪容斋及近人钱大昕氏尝录出凡数百字。今经文皆不复见，不适于用，不与马、郑相应，是后人尚不能得其所异之字，又何能以之定经义之说乎？许君本以六书之义解说文字，谓圣人不虚作，必有依据。所谓依据者，指六义也。凡以明圣人作此字之义，有一定依据也。若夫经义则不然。有一字作一义用，有一字作数义用。今执《说文》，以一字一义考经，所以致以文害词，以词害意。穿凿而不可通也。苏子瞻曰：'字同义异，必欲一之，雕刻彩绘以成其说，是以六经不胜异说，而学者疑焉。'又不仅是。顾亭林曰：'六经之文，左、公、谷、毛苌、孔安国、郑众、马融诸儒之说，未必尽合。况叔重生于东京之中世，所本者，不过刘歆、贾逵、杜林、徐巡等十余人之说，而以为尽得古人之意，然与否与？五经未遇蔡邕等正定之先，传写人人各异。今其书率多异字，而以今经校，则《说文》为短。又一书之中，有两引而其文各异者，后之读者，将何所从？且其书流传既久，岂无脱漏？'即徐铉亦谓：'篆书日久湮替，错乱遗脱，不可悉究。'又序《韵谱》曰：'今承诏定《说文》，更与诸

107

儒精加研复，又得李舟所著《切韵》，殊有朴益。其间有《说文》不载，而见于序例注义者，必为脱漏，并存编录。'可知《说文》本有脱漏。今汉学诸人坚谓此书所阙者，必古人所无，或见他书所有而疑，或别指一字以当之，改经文以就《说文》，不亦支离回护之甚耶？"其辞颇核。而湘潭王闿运壬秋每教学者，亦曰："说经以识字为贵，而非识《说文解字》之为贵。"及为郭生序《六书讨原》，则曰："许虽博访，未求理董。至其释帝从朿，畏鬼如虎，显违经训，殆等俳优。马头四羊，犹愈于此。"则于叔重大有微辞。亦言《说文》以治经训者不可不知。

　　《说文》九千三百五十三字，以形相从，分别部居。而清儒自戴东原以下，则欲以声相从，别作一书。戴氏《答段若膺论韵书》称："作《谐声表》，使以声相统，条贯而下如谱系"云云，顾徒有其说而未成其书。段若膺遂师其意，以成《古十七部谐声偏旁表》，而序其端曰："考周、秦有韵之文，某声必在某部，至赜而不可乱。故视其偏旁以何字为声，而知其音在某部。易简而天下之理得也。许叔重作《说文解字》时，未有反语，但有某声某声，即以为韵书可也。自音有变转，同一声，而分散于各部各韵。如一'某'声，而'某'在厚韵，'媒''腜'在灰韵。一'每'声，而'悔''晦'在队韵，'敏'在畛韵，'晦''痗'厚在韵之类。参差不齐，承学多疑。要其始，则同谐声者必同部也。三百篇及周、秦之文备矣。辄为《十七部谐声偏旁表》，补古六艺之散逸，类列某声某声，分系于各部，以绳今韵，则本非其部之谐声而阑入者,憭然可睹矣。"而陈氏则用段氏十七部,分为十七卷,每卷若干部,以所谐之声为部首,谐其声者下一字书之,又谐此字之声者,又下一字书之,有高下至四五列者,名曰《说文声表》,子母相生,朗若列眉矣。

顾炎武撰《诗本音》十卷、《易音》三卷,江永撰《古音标准》四卷,皆以《诗三百篇》之用韵,旁证《易》象《楚词》及周秦诸子有韵之辞,观其统同以明古音。论者以为明陈第撰《毛诗古音考》四卷、《屈宋古音义》三卷,开前路之驱。而远溯明以前,著一书以明古音者,实自宋武夷吴棫才老始。盖棫音《诗》音《楚辞》,据其本文,推求古读。朱子注《诗》,遂用棫说。特棫以叶韵为说,而陈第则以为古人之音原与今异,凡此所称叶韵,皆即古人之本音耳。然驳吴棫叶韵之说者,实自杨慎撰《古音略例》一卷先开其镭。慎书取《易》《诗》《礼记》《楚辞》《老》《庄》《荀》《管》诸子有韵之词,标为略例,谓棫于《诗》必叶音,不思古韵宽缓,如字读自可叶,何必穷唇齿、费简册?第因慎例,而推阐加密,遂开清儒音学之先河,不得数典而忘其祖也。

# 第十三讲　诸子

　　道与儒不相兼，道者明道，儒家隆礼。道之大原出于天，礼之所起施于人。天人之分，即儒道之辨。近儒张尔田尤有味乎其言之，以为："道家宗旨，明天者也。故其言道也，则曰：'有物混成，先天地生。吾不知其名，字之曰道。''道法自然。'老子。儒者宗旨，明人者也。故其言道也，则曰：'道者，非天之道，非地之道，人之所道也。'《荀子》。孔子儒而兼道，故明天人相与之际。道家纯任天道，孔子则修人道以希天。儒家务尽人道，孔子则本天道以律人。"语见所著《史微》内篇。修人道以希天者，《春秋》教也。本天道以律人者，《易》学也。子所雅言，《诗》《书》执《礼》。孔子以《诗》《书》《礼》《乐》教，弟子盖三千焉。而《易》《春秋》不与者，性与天道不可得闻也。其后子思、孟轲衍其道统，则曰："天命之谓性，率性之谓道。"《中庸》。"尽其心者，知其性也；知其性，则知天矣。"《孟子·尽心上》。是"道法自然"之意也。荀卿传其儒学，则曰："《书》

者，政事之纪也。《诗》者，中声之所止也。《礼》者，法之大分，类之纲纪也，故学至乎《礼》而止。"《荀子·劝学篇》。是《诗》《书》执《礼》之教也。汉代经生，近承荀学。宋儒理学，上衍道统。

荀子道性恶，故重师法，重师法，则不得不劝学。而学之所以有成功者，有二道焉，曰"专"，曰"积"。唯"专"乃能"积"渐，唯"积"斯以征"专"。"目不能两视而明，耳不能两听而聪。螣蛇无足而飞，梧鼠五技而穷。蚓无爪牙之利，筋骨之强，上食埃土，下饮黄泉，用心一也。蟹六跪而二螯，非蛇蟺之穴，无可寄托者，用心躁也。"此"专"之说也。"不积跬步，无以致千里；不积小流，无以成江海。骐骥一跃，不能十步；驽马十驾，功在不舍。锲而舍之，朽木不折；锲而不舍，金石可镂。"此"积"之说也。"积土成山，风雨兴焉；积水成渊，蛟龙生焉；积善成德，而神明自得，圣心备焉。为善不积耶？安有不闻者乎？"此荀子之所为"劝"，而学之所以有成功也。若论为学之次第，则甚致谨于"义"与"数"之辨。以为："其数始乎诵经，终乎读礼。其义则始乎为士，终乎为圣人。真积力久则入，学至乎没而后止也。故学数有终，若其义则不可须臾舍也。为之，人也；舍之，禽兽也。"此"义"与"数"之别也。而"礼"则学"数"之终，道德之极。故曰："道德仁义，非礼不成。""礼者，法之大分，类之纲纪也。故学至乎礼而止矣。夫是之谓道德之极。"此其大略云尔。

《欧阳文忠集》有《郑荀改名序》，中谓："荀卿子独用

《诗》《书》之言。"未为知荀子也。按孟子曰："颂其《诗》，读其《书》。"《万章下》。《史记·孟子列传》曰："序《诗》《书》，述仲尼之意，作《孟子》七篇。"赵岐《孟子题辞》曰："孟子通五经，尤长于《诗》《书》。"陈氏此记，历举孟子引《诗》者三十，论《诗》者四，引《书》者十八，论《书》者一，至于诸侯之礼，则曰"吾未之闻。"卷三《孟子篇》。则是独用《诗》《书》之言者孟子，而非荀卿子也。至荀卿子著《儒效篇》，则以不知隆礼义而杀诗书为俗儒，隆礼义杀诗书为雅儒。其《劝学篇》则曰："礼者，法之大分，类之纲纪也。故学至乎礼而止矣。夫是之谓道德之极。将原先王，本仁义，则礼正其经纬蹊径也。若挈裘领，诎五指而顿之，顺者不可胜数也。不道礼宪，以诗书为之，譬之犹以指测河也，以戈舂黍也，以锥飡壶也，不可以得之。"以视孟子之断断于"颂《诗》读《书》"者，不可同年而语矣。然则隆礼贵义者。荀卿之学；而颂《诗》读《书》者。孟子之学也。

阅阮元《曾子章句》《子思子章句》而发所疑焉。窃按《汉书·艺文志》部录诸子，必谨师承，如儒家《曾子》十八篇、《宓子》十六篇之系曰孔子弟子，《李克》七篇之系曰子夏弟子，《孟子》十一篇之系曰子思弟子，皆其例也。独世称子思为曾子弟子，而《子思》二十三篇，系之曰"孔子孙"，而不称"曾子弟子"，且以次《曾子》十八篇之前。细籀二子所著书，子思称《诗》《书》而道尽性，肇启孟子，传道统；曾子善言礼而隆威仪，毗于荀卿，为儒宗。其功夫一虚一实，其文章一华一朴，故不同也。近儒章炳麟为《征信论》曰："宋人远迹子思之学，上隶曾参。寻《制言》《天圆》诸篇，与子思所论述殊矣。《檀弓》记曾子呼伋。古者言质，长老呼后生，则斥其名，微生亩亦呼孔子曰丘，非师弟子之征也。《檀弓》复记子思所述，郑君曰：'为曾子言难继，以礼抑之。'足明其非弟子也。近世阮元为《子思子章句》，亦曰'师曾迪孟'，孟轲之受业，则太史公著其事矣。师曾者，何征而道是耶？"见《太炎文录》。知言哉。

荀子之学，多与孟子违，然按荀子书，明称孟子者仅三篇，其中有非孟子之所学者，有引孟子之逸文者。如《非十二子篇》非思、孟之造五行，《性恶篇》驳孟子之道性善，此非孟子之所学者也。又《性恶篇》引孟子曰："今人之性善，将皆失丧其性故也。"杨倞注："孟子言失本性，故恶也。"《大略篇》："孟子三见宣王，不言，门人曰：'曷为三遇宣王而不言事？'孟子曰：'我先攻其邪心。'"杨倞注："以正色攻去邪心，乃可与言也。"皆为《孟子》七篇所不载，此引孟子之逸文者也。《韩诗外传》取《荀子·非十二子篇》而删其非子思、孟子之语，王应麟《困学纪闻》遂谓非子思、孟子者，为韩非、李斯之流，托其师说以毁圣贤。此欲为荀子回护耳。然按《扬子法言·君子篇》或曰："子小诸子，孟子非诸子乎？"曰："诸子者，以其异于孔子者也。孟子异乎？不异。"或曰："荀卿非数家之书，侻也。至于子思、孟轲，俙哉。"曰："吾于荀卿与？见同门而异户也。唯圣人为不异。"则雄所见《非十二子篇》盖有非子思、孟子之语矣。

《诗》为儒者六艺之一，而赋者古诗之流。《汉志·诗赋略》区分五种，而专门名家以自树帜者，曰屈原、陆贾、孙卿。陆贾、孙卿即隶儒家，而陈氏亦谓屈原、宋玉，虽诗赋家，而推究其学，则出儒家。然则诗赋家者，儒家之支与流裔。子以四教，而文冠首。圣门四科，而文学其一。子贡曰："夫子之文章，可得而闻。"颜渊称"博我以文"，而《韩非·显学》讥切"儒以文乱法"，然则文者儒之所颛以别异于诸子。而诗赋一略，揆之六艺，则三百篇之云仍；以衡十家，亦儒者之别材。扬子云鄙薄赋以"壮夫不为"，《法言·吾子篇》。而谢仪曹诗则，又谓："高文一何绮，小儒安足为"，虽辞指之轩轾有异，而歧文章以别出于儒，则一指而同归。不如杜子美诗"风流儒雅是吾师"之咏宋玉为得其通。而刘勰《文心雕龙》有《诠赋篇》，亦谓"赋者，受命于诗人，拓宇于《楚辞》"，亦衡文章流别者之所不可不知也。然而穷其渊源，尚未悉其流变。吾则见为辞赋家者流，盖原出诗人风雅之遗，而旁溢为战国纵横之说。纵横家者流，本于古者行人之官。观《春秋》之辞命，列国大夫聘问诸侯，出使专对，盖欲文其言以达旨而已。至战国而抵掌揣摩，腾说以取富贵，其辞铺张而扬厉，变其本而恢奇焉。不可谓非行人辞命之极也。孔子曰："诵《诗》三百，授之以政，不达，使于四方，不能专对，虽多奚为？"是则比兴之旨，讽喻之义，固行人之所肄也。纵横者流推而衍之，是以能委折而入情，微婉而善讽也。赋者，古诗之流，而为纵横之继别。比兴讽谕，本于诗教。铺张扬厉，又出纵横。故曰："赋者，铺也。"铺张扬厉，体物写志也。体物写志，故曰古诗之流。铺张扬厉，乃见纵横之意。余读太史公为《屈原列传》，叙原之作《离骚》，必先之曰："娴于辞令"，又卒之曰："屈原既死之后，楚有宋玉、唐乐、景差之徒者，皆好辞而以赋见称。然皆祖屈原之从容辞令。"其后司马长卿之《子虚》《上林》，与宋玉之《登徒》《高唐》，遂客主以首引，极声貌以穷文，皆祖屈原之从容辞令，一脉相传。妙在疏古之气，寓于丽则，腴而奥，圆而劲，有纵横之意，无排比之迹。宋玉以女色为主，长卿以游畋为主，所以讽也。而见用意处，不在铺张扬厉，正在闲闲一二冷语，此文章之体要，而辞赋之写志。然使一直说出，有何意味？后人无铺张之才，纯以议论见意，于是乖体物之本矣。

《管子》八十六篇，《汉书·艺文志》以入道家，其义盖本太史公。观太史公论六家之要指，谓"道家无为，又曰无不为。其术以虚无为本，以因循为用。无成势，无常形。"而传管子之相齐，则曰："下令如流水之原，令顺民心，故论卑而易行。俗之所欲，因而与之。俗之所否，因而主之。其为政也，善因祸而为福，转败而为功。贵轻重，慎权衡。桓公实怒少姬，南袭蔡，管仲因而伐楚，责包茅不入贡于周室；桓公实北征山戎，而管仲因而令燕修召公之政。于柯之会，桓公欲背曹沫之约，管仲因而信之，诸侯由是归齐。"岂非所谓"以虚无为本，以因循为用。无成势，无常形"者乎？其可征于管子书者曰："无为之道，因也。心术者，无为而制窃"《心术》上。亦与太史公之言相符,故《汉书·艺文志》以入道家也。自《隋书·经籍志》始以入法家。陈氏之说误也。

道法自然,老子之指,而究其用,卒陷于大不自然。侯官严复又陵好以英哲家斯宾塞尔群学论衡《老子》,以为:"质之趋文,纯之入杂,由乾坤而纯,至于未既济,亦自然之势也。老氏还淳还朴之义,犹驱江河之水而使之在山,必不逮矣。夫物质而强之以文,老氏訾之,是也。而物文而返之使质,老氏之术非也。何则?虽前后二者之为术不同,而其违自然,拂道纪,则一而已矣。故今之治,莫贵乎崇尚自由。自由,则物各得其所自致,而天择之用,存其最宜。而太平之盛,可不期而自至。"见熊氏刻《严复评老子》。正与陈氏引赵邠卿、崔寔政论之意相发。

老子曰:"天长地久。天地所以能长久者,以其不自生,故能长生。是以圣人后其身而身先,外其身而身存,非以其无私耶?故能成其私。"然则长生修仙以蕲不死者,固非老子之所许矣。而方士之言神仙长生者,多托老子,何也?列子《杨朱篇》载:"孟孙阳问杨子曰:'有人于此,贵生爱身,以蕲不死,可乎?'曰:'理无不死。''以蕲久生,可乎?'曰:'理无久生。生非贵之所能存,身非爱之所能厚。且久生奚为?五情好恶,古犹今也。四体安危,古犹今也。世事乐苦,古犹今也。变易治乱,古犹今也。既闻之矣,既见之矣,既更之矣。百年犹厌其多,况久生之苦也乎?'孟孙阳曰:'然,速亡愈久生,则践锋刃,入汤火,得所志矣。'杨朱曰:'不然。既生,则废而任之,究其所欲,以俟于死。将死，则废而任之，究其所以，以放于尽。无不废，无不任，何遽迟速于其间乎？'"此则道家之贵身任生，而一仍乎道法自然之指者也，岂长生修仙以蕲不死之谓哉？

杨朱为老学之一支，其说具见《列子·杨朱篇》，而中亦有别。"古之人，损一毫，利天下，不与也。悉天下，奉一身，不取也。故智之所贵，存我为贵。力之所贱，侵物为贱。然身非我有也，既生，不得不全之。物非我有也，既有，不得不去之。身固生之主，物亦养之主。虽全生身，不可有其身。虽不去物，不可有其物。有其物，有其身，是横私天下之身，横私天下之物。其唯圣人乎？公天下之身，公天下之物。"此贵身任生之指，岂非老子所谓"圣人后其身而身先，外其身而身存""非以其无私，故能成其私"者耶？至云："从心而动，从性而游。""肆之而已，勿壅勿阏。恣耳之所欲听，恣目之所欲视，恣鼻之所欲向，恣口之所欲言，恣体之所欲安，恣意之所欲行。"则轻身肆志之意尔。而要归本于老之道法自然。世言战国衰灭，杨与墨俱绝。然以观汉世所称道家杨王孙之伦，皆厚自奉养。魏、晋清谈兴，王、何之徒，益务为藐天下，遗万物，适己自恣，偷一身之便，则一用杨朱之术之过，而老、庄不幸蒙其名。

余观儒谨执礼，道任自然。章太炎言："执礼者质而有科条，行亦匡饬。礼过故矜，平之以玄。玄过故荡，持之以礼。礼与玄若循环，更起用事。"先秦而降，数千年间，汉初尚黄、老，汉武礼儒者。魏、晋谈老、庄，唐宋宗孔、孟，迭为王厌，唯孔与老，宁有墨学迥翔之余地者？而墨学中兴，不过晚近数十年间尔。自欧化之东渐，学者惭于见绌，反求诸己，而得一墨子焉。观其兼爱、非攻，本于天志，类基督之教义。而《经》《经说》《大取》《小取》诸篇，可以征西来之天算重光诸学，又于逻辑之指有当。由是谈欧化者忻得植其基于国学焉。此晚近墨学之所为翘然特出，而代王于久厌之后者也。然皮傅欧化，何必墨氏。杨朱为我，夫岂不可。西人自由，以不侵人之自由为界，犹之杨氏为我，以侵物为贱乎？吾国古哲名理，何所不孕包，独鲰生不学，乃自轻其家丘耳。

孟子以杨朱为我为充塞仁，而斥之曰无君；墨子兼爱为充塞义，而斥之曰无父。其毕生心事，在距杨、墨。杨朱拔一毛而利天下不为，即其无君之罪案。君之为言群也，不必作君主解。然杨朱旨在存我，而以侵物为贱，以公天下之身、公天下之物为至人，语见《列子·杨朱篇》，则是为我，而非无君也，未尝充塞仁也。墨子兼爱，以兼相爱、交相利为言。利我之道，即存爱他。故必先从事乎爱利人之亲，然后人报我以爱利吾亲，语详《墨子·兼爱篇》，则是兼爱，而非无父也，未尝充塞义也。杨朱为我，而尊重个人之自由，有似法兰西之民主政治。墨子兼爱，而流为极端之干涉，颇类苏俄之劳农政治。

墨子有《尚同篇》，庄生有《齐物论》，标题攸同，而归趣不一。庄生任不齐，以为大齐。墨子一众异，以统于同。一放任，一专制。

孟子《墨者夷之章》，本人情以立言。然观《墨子·节葬篇》，亦自言之有故，持之成理。《荀子·礼论篇》则曰："刻死而附生谓之墨。夫厚其生而薄其死，是敬其有知而慢其无知也，是奸人之道而倍叛之心也。君子以倍叛之心接臧穀，犹且羞之，而况以事其所隆亲乎。"其大指归于称情而立文。大抵儒者顺人情，故久丧以为尽哀，厚葬以为饰终。墨者上功用，故久丧以为废事，厚葬以为伤财。此儒、墨之辨也。又不仅是。吾见墨氏尚同，儒者明分。尚同，斯贵兼以斥别。明分，故等衰之有差。《墨子·兼爱下》曰："别士之言曰：'吾岂能为吾友之身若为吾身，为吾友之亲若为吾亲。'别士之言若此。兼士不然，曰：'必为其友之身若为吾身，必为其友之亲，若为吾亲，然后可以为高士于天下。'"斯墨氏之上同也。儒者则不然。《孟子·尽心下》曰："君子之于物也，爱之而弗仁；于民也，仁之而弗亲。亲亲而仁民，仁民而爱物。"朱子《集注》引杨氏曰："其分不同，故所施不能无差等。"则是明爱之有差等而贵明分也。《荀子·富国篇》曰："礼者贵贱有等，长幼有差，贫富轻重皆有称者也。无君以制臣，无上以制下，天下害生纵欲。欲恶同物，欲多而物寡，群而无分则争。争者祸也，救患除祸，则莫若明分使群矣。故无分者，天下之大患也。有分者，天下之本利也。兼足天之道在明分。"则是明礼之不可无等差而贵明分也，此儒、墨之辨也。

  自晋鲁胜序《墨辩注》谓"墨子著书作《辩经》，以正名本。惠施、公孙龙祖述其学，以正别名显于世"。毕沅云："《经上下》《经说上下》四篇，有似坚白异同之辩。"《墨子》毕氏刻本孙星衍附记此语。至近代梁启超、胡适盛衍其说。独章士钊明其不然，大指以为："施、龙祖述墨学，说创鲁胜，前未有闻。《汉书·艺文志》名、墨流别，判然不同。施、龙之名，隶名而不隶墨。《荀子·解蔽篇》曰：'墨子蔽于用而不知文，惠子蔽于辞而不知实。'墨、惠并举，而所蔽之性，适得其反。谓为师承所在，讵非谰言。今观惠、墨两家，同论一事，其义莫不相反。如惠子言：'一尺之棰，日取其半，万世而不竭。'墨子言：'非半勿斲，则不动，说在端。'凡注墨者率谓此即惠义，而不悟两义相对，一立一破，绝未可同年而语也。且以辞序征之，以惠为立而墨为破。何以言之？惠子之意，重在取而不在所取，以为无论何物，苟取量仅止于半，则虽尺棰已耳，可以日日取之，历万世而不竭也。墨家非之，谓所取之物，诚不必竭，而取必竭。一尺之棰，决无万世取半之理。盖今日吾取其半，明日吾取其半之半，明日吾于半之半中取其一半，可以计日而穷于取，奚言万世。何也？尺者，端之积也。端乃无序，而不可分。于尺取半，半又取半，必有一日全棰所余两端而已，取其一而遗其余，余端凝然不动。不能斲，即不能取也，故曰：'非半勿，斲则不动，说在端。'此其所言果一义乎？抑二义乎？略加疏解。是非炳然可知，而从来治墨学者未或道及。"因作《名墨訾应考》，著如上例若干条，以征名墨两家倍僪，决非相为祖述，如鲁胜所云。然名、墨两家之倍僪不同，陈氏说已发其镵，以为："墨子言'白马，马也'，而公孙龙则云'白马非马'。其说云：'求马，黄、黑马皆可致。求白马。黄、黑马不可致。故曰白马非马。'墨子言：'苟是石也白，败是石也尽与白同，是石也。'而公孙龙则云：'坚、白、石三可乎？曰不可。视不得其所坚，拊不得其所白，见与不见离。且犹白以目以火见，而火不见，则火与木不见而神见。神不见，而见离。坚以手而手以棰，是棰与手知而不知，而神与不知。神乎？是之谓离焉。'皆较墨子之说更转而求深。"而要其两义相对，一立一破，岂不足以征名墨两家之倍僪不同。所与章氏异者，特章氏言惠为立而墨为破，而征以陈氏之说，则又似墨为立而龙为破尔。要以陈氏之说近是。何者？盖墨氏作辩经以正名本，而名家玄异同以泯名相，此其秪也。

《汉书·艺文志》："阴阳家《邹子》四十九篇，《邹子始终》五十六篇，其书皆亡。独太史公《孟子荀卿列传》著其学，谓驺衍睹有国者益淫侈，不能尚德，若《大雅》整之于身，施及黎庶矣。乃深观阴阳消息，而作怪迂之变，《始终》《大圣》之篇，十余万言。其语宏大不经，必先验小物，推而大之，至于无垠。先序今以上至黄帝，学者所共术，大并世盛衰，因载其机祥度制，推而远之，至天地未生，窈冥不可考而原也。先列中国名山大川通谷，禽兽水土所殖，物类所珍，因而推之及海外，人之所不能睹。称引天地剖判以来，五德转移，治各有宜，而符应若兹。以为儒者所谓中国者，于天下乃八十一分居其一分耳。中国名曰赤县神州，赤县神州内自有九州，禹之序九州，是也，不得为州数。中国外如赤县神州者九，乃所谓九州也。于是有裨海环之，人民禽兽莫能相通者，如一区中者，乃为一州。如此者九，乃有大瀛海环其外，天地之际焉。其术皆此类也。然要其归，必止乎仁义节俭，君臣上下六亲之施；始也滥耳。"隐括其指，在明终始。始终者，终而复始，运之无垠也。要以推明时间无垠，空间无垠。时间无垠者，"先序今以上至黄帝，学者所共术，大并世盛衰，因载其禨祥度制，推而远之，至天地未生，窈冥不可考而原也"，"称引天地剖判以来，五德转移，治各有宜，而符应若兹"。空间无垠者，"先列中国名山大川通谷，禽兽水土所殖，物类所珍，因而推之及海外，人之所不能睹。以为儒者所谓中国者，于天下乃八十一分居其一分耳。中国名曰赤县神州，赤县神州内自有九州，禹之序九州，是也，不得为州数。中国外如赤县神州者九，乃所谓九州也。于是有裨海环之，人民禽兽莫能相通者，如一区者，乃为一州。如此者九，乃有大瀛海环其外，天地之际焉。"曰天地之际者，地道之终，天运之始也。然时间无垠，空间无垠，而人生有垠。何以竟此有垠之人生？要其归必止乎仁义节俭，君臣上下六亲之施而已矣。此驺衍之意也。驺衍之学，推大至于无垠，而要其归，必止乎仁义节俭君臣上下六亲之施，其即《大易》"知崇礼卑"，子思"极高明而道中庸"之意也夫。

　　驺衍之学，近本《诗》五际，而远出羲、和。何以明其然？《汉书·艺文志》："阴阳家者流，盖出于羲、和之官。敬顺昊天，历象日月星辰，敬授民时。"而羲和历象授时之学，详著《尚书·尧典》。阴阳家宋司星子韦疑承其流。一衍而为《洪范》五行，再衍而为《齐诗》五际。《汉书·翼奉传》载奉治《齐诗》，奏封事曰："臣闻之于师曰：天地设位，悬日月，布星辰，分阴阳，定四时，列五行，以视圣人，名之曰道。圣人见道，然后知王治之象，故画州土，建君臣，立律历，陈成败，以视贤者，名之曰经。贤者见经，然后知人道之务，则《诗》《书》《易》《春秋》《礼》《乐》是也。《易》有阴阳，《诗》有五际，《春秋》有灾异，皆列终始，推得失，考天心，以言王道之安危。臣奉窃学《齐诗》，闻五际之要"孟康曰："《诗内传》曰：五际，卯、酉、午、戌、亥也。阴阳终始际会之岁，于此则有变改之政也。"云云。因历引《小雅·十月之交》《大雅·文王》之诗，以明天道终而复始，穷则反本，故能延长而无穷也。太史公称"驺衍睹有国者益淫侈，不能尚德，若《大雅》整之于身，施及黎庶矣"。自来注家于《大雅》无解，疑即如翼奉封事所引《大雅·文王》之诗也。文王之二章曰："亹亹文王，令闻不已。"四章曰："穆穆文王，于缉熙，敬止。"此所谓整之于身也。而卒章终之以"仪刑文王，万邦作孚"，此所谓施及黎庶也。文王，则"有国"之"尚德"者也，然则阴阳五行之学，本于《诗》《书》也。孟子案往旧造说，谓之五行，《荀子·非十二子篇》。以征天人之与，故《诗》《书》为所专长。赵岐《孟子题辞》。荀子著篇《天论》，以明天人之分，则《诗》《书》在所必杀矣。《荀子·儒效篇》曰："隆礼义而杀诗书。"

荀子之学，终于读礼，而深摈阴阳五行不言。然孔子言礼，未尝不推本阴阳五行。其著于《礼运》者曰："故人者，其天地之德，阴阳之交，五行之会，五行之秀气也。故天秉阳，垂日星；地秉阴，窍于山川。播五行于四时，和而后月生也。是以三五而盈，三五而阙。五行之动，迭相竭也。五行四时十二月，还相为本也。五声六律十二管，还相为宫也。五味六和十二食，还相为质也。五色六章十二衣，还相为质也。故人者，天地之心也，五行之端也，食味别声被色而生者也。故圣人作，则必以天地为本，以阴阳为端，以四时为本。以日星为纪，月以为量，鬼神以为徒，五行以为质，礼义以为器，人情以为田。"此驺衍之阴阳，所谓"要其归，必止乎仁义节俭，君臣上下六亲之施"也。其征五行之动迭相竭，而称"五行四时十二，还相为本"云云，即驺子终始义也。

言阴阳五行，而要其归，必止乎仁义节俭，君臣上下六亲之施，古之人有行之者，言其可征。董仲舒《春秋繁露》有《五行对》《五行之义》《阳尊阴卑》《王道通三》《天辨在人》《阴阳位》《阴阳终始》《阴阳义》《阴阳出入》《天道无二》《基义》《四时之副》《人副天数》诸篇。班固《白虎通德论》有《五行》《三纲》《六纪》《情性》诸篇。大抵以性情法阴阳，以视所言动喜怒哀乐法五行，配阴阳，立之名曰仁义，配五行，立之名曰仁义礼智信。汉儒所谓"性与天道"者类如此。

驺衍之五德转移，一衍而为董仲舒之《春秋繁露》，再衍而为刘向之《洪范五行传》，三衍而为邵雍之《皇极经世》。传荀卿之经学，而润色以驺衍之阴阳五行者，汉儒也。阐孟子之性学，而润色以驺衍之阴阳五行者，宋学也。源远流长如此，岂非显学也哉！

太史公《孟子荀卿列传》称："荀卿嫉浊世之政，亡国乱君相属，不遂大道而营于巫祝，信机祥，鄙儒小拘。""鄙儒小拘"之拘，法《汉书·艺文志》叙阴阳家者流，称"及拘者为之，则牵于禁忌，拘于小数，舍人事而任鬼。""舍人事而任鬼"，即太史公所谓"不遂大道而营于巫祝，信机祥"也。"鄙儒小拘"，盖即斥子思、孟轲"案往旧造说，谓之五行"，驺衍之"五德转移"而言。

驺衍谈天，以为"儒者所谓中国者，于天下乃八十一分居其一分"云云。桓宽《盐铁论·论邹篇》、王充《论衡·谈天篇》并讥其迂怪，虚妄。至晚近世，吾邑薛福成庸庵乃著《大九州解》，按诸地图，核实测算，语见《庸庵文集外编》，以为驺衍之说，非尽无稽，或者古人本有此学，驺子从而推阐之耶？《尚书·尧典》载羲和之官仲叔四子，历象日月星辰，分宅四裔。南交则今之安南也，朔方幽都，则今之黑龙江之上原也。东西至日之所出入，则更远矣。而《汉志》以为阴阳家者流出于羲和，或者大九州之说所从衍乎？

儒墨谓天下之治，起于相爱，而韩商则以天下之治，起于相畏。韩非屡称管、商之法，《五蠹篇》。然管子不废礼义廉耻，《牧民篇》。商君务去孝弟仁，《靳令篇》。而韩非实汲商君之流，薄教化，去仁爱，专任刑法，而欲以致治。特其推主道而言因循，言无为，则又同管子《心术》、《白心》上下、《内业》诸篇之指，而原道德之意。大抵韩非无教化而去仁爱，同于商君之任刑，而言因循以原道德，又似管子之心术，其大较然尔。

儒家正名以齐礼，法家稽名以准法，而名家则玄名以历物。故

# 第十三讲　诸子

曰："山渊平，天地比，齐秦袭，入乎耳，出乎口，钩有须，卵有毛，是说之说难持者也，而惠施、邓析能之。"《荀子·不苟篇》。饰词以相悖，巧譬以相移，遍为万物说，说而不休，饰人之心，易人之意，然不然，可不可，与儒者之必正名、法家之言刑名参同者大异。顾宋王尧臣奉敕撰《崇文总目》称："名家者流，所以辨核名实，流别等威，使上下之分不相逾越。"此可以论儒、法之正名，而非所论于名家者流。墨子言"辨者将以明是非之分，审治乱之纪，明同异之处，察名实之理，处利害，决嫌疑。"《小取》。则是所谓作辨经以正名本，而亦与名家者流异趋。古之言名家者，既以混于儒、法，班固《汉书·艺文志》、章学诚《校雠通义》。是也。今之言名家者，又不知以别墨，梁启超、胡适是也。

《汉书·艺文志》著录名七家，就其可考者，邓析、尹文为一派，不忘正名以施治，而推本于大道无称，则老子"道可道，非常道。名可名，非常名"之指也。惠施、公孙龙为一派，专于玄名以历物，则老子"同出异名，玄之又玄"之意也。大抵名家为道家之支与流裔，犹之阴阳为儒家之支与流裔云尔。

儒家《论语》有"必也正名"章，荀子有《正名篇》，墨家墨子有《经》上下、《经说》上下、《大取》、《小取》，杂家《吕氏春秋》亦有《正名篇》，而不得为名家。名家玄名实之纽以破名，诸家谨名实之核以正名，故不同也。尹文原道以言名，征名之本体。邓析正名以制法，显名之大用。而惠施、公孙龙则玄名以体道，见名之还原。

127

惠施、公孙龙之玄名，由于历物之意，此所同也。唯惠施就人之所见为异者而籀其同，公孙龙就人之所见为同者而析其异。大一小一，毕同毕异，惠施同于不可同者也。白马非马，坚白石离，公孙龙离所不可离者也。然则惠施之历物以同，而公孙龙之历物于离。历物同，而所以历则异。

《庄子·天下篇》叙慎到、田骈，以为"常反人，不见观"，此亦名家之支与流裔。《史记·孟子荀卿列传》："慎到、田骈，皆学黄、老道德之术。"老子"正言若反"，而慎到、田骈"常反人，不见观"，即学老子。所谓"常反人，不见观"者，以不见观见，以无名明名，以不可道道"常道"。"常道"之常，即"常反人，不见观"之常，皆以绝对不变之真常为言。《韩非子·解老篇》曰："夫物之一存一亡，乍死乍生，初盛而后衰者，不可谓常。惟夫与天地之剖判也俱生。至天地之消散也不死不衰者谓常，而常者无攸易。"常道不可道，可名非常名，此之谓"正言若反"，亦此之谓"常反人，不见观"。佛法相宗非相，诸子名家无名。世儒纷纷以西洋形式逻辑为言，死著句下，那能明其理趣。

晋鲁胜《墨辩注序》谓："名者，所以列同异，明是非。"只限于儒者之正名，墨学之辩经，而非所论于名家之惠施、公孙龙日以其知与人辩，特与天下之辩者为怪。《史记·平原君列传》《集解》引刘向《别录》曰："齐使邹衍过赵，平原君见公孙龙及其徒綦母子之属，论白马非马辩，以问邹子。邹子曰：'不可，彼天下之辩，有五胜三至，而辞正为下。辩者，别殊类使不相害，序异端使不相乱，抒意通指，明其所谓，使人与知焉，不务相迷。故胜者不失其所守，不胜者得其所求。若是，故辩可为也。及至烦文以相假，饰辞以相悖，巧譬以相移，引人声使不得及其意。如此，害大道。夫缴纷争言而竞后息，不能无害君子。'坐皆称善。"邹子所称"辩者，别殊类使不相害，序异端使不相乱，抒意通指，明其所谓"，亦限于儒者之正名，墨学之辩经。"及至烦文以相假，饰辞以相悖，巧譬以相移，引人声使不得及其意，如此害大道"，则惠施、公孙龙之所以为辩，而与儒墨不同者也。

纵横家者流，亦名家之支与流裔，而同出于"烦文以相假，饰辞以相悖，巧譬以相移"。以此而阐之为学，则为惠施、公孙龙；以此而施之于用，则为苏秦、张仪。惠施、公孙龙，庄生称之为辩者。《天下篇》。而范雎、蔡泽，亦世所谓一切辩士。《史记·范蔡传》赞。大抵名家之出而用世也。出之以谨严，则为申、韩之刑名；流入于诡诞，则为苏、张之纵横。《汉书·艺文志》著录纵横十二家百七篇，其书皆不见。世传《鬼谷》十二篇，曰《捭阖》《反应》《内揵》《抵巇》《飞箝》《忤合》《揣篇》《摩篇》《权篇》《谋篇》《决篇》《符言》，而以《本经阴符》殿于后，或说即《苏秦书》。《史记·苏秦列传》《集解》引阮孝绪《七录》有《苏秦书》。乐壹注云："秦欲神秘其道，故假名鬼谷。"程子曰："仪、秦学于鬼谷，其术先揣摩，然后捭阖。捭阖既动，然后用钩钳。"今观《鬼谷》之书，奇变诡伟，要与《战国策》相表里始终，而其学则出于太公《阴符》，近人湘潭王闿运壬秋《湘绮楼日记》有一条谓："符者，行人所以为信也。符有阴阳，盖记所言于符阴，言山川物产形要之说，故其书以罗数国富，指陈形势为主。唐人伪造《阴符经》，乃以为兵书，非也。"光绪六年八月十八日记。颇出臆说，而与《汉志》所称纵横家出行人之说有合。设诵《鬼谷》以籀其学，读《国策》以验诸用，而引苏、张之事，征鬼谷之书，依仿《韩非·喻老》《韩诗外传》验之行事，深切著明之例，则于纵横家言思过半矣。

韩非有《难言篇》《说难篇》，《吕氏春秋》有《顺说篇》，皆本《鬼谷书》揣摩抵巇飞箝之法。当用《大戴记·夏小正》《管子·弟子职》裁篇别出之例，附于纵横家之末。

诸子有流别，以宗旨分也。文章有家数，以体气分也。而欲以诸子之流别，论定文家之宗旨者，其论则发于会稽章学诚实斋。其大指以为："世之盛也，典章存于官守，礼之质也。情志和于声诗，乐之文也。迨其衰也，典章散而诸子以术鸣，故专门治术，皆为官礼之变也。情志荡而处士以横议，故百家驰说，皆为声诗之变也。后世专门子术之书绝而文集繁，学者惟拘声韵之为诗，而不知言情达志、敷陈讥谕，抑扬涵泳之文，皆本于《诗》教。"《文史通义·诗教上》。而古之赋家者流，原本《诗》教，出入战国诸子。假设问对，庄、列寓言之遗也。恢廓声势，苏、张纵横之体也。排比谐隐，韩非《储说》之属也。征材聚事，吕览类辑之义也。虽其文逐声韵，旨存比兴，而深探本原，实能自成一子之学，与夫专门之书，初无差别。《汉书·艺文志》诗赋一略著录《屈原赋》二十五篇以下共二十家为一种，《陆贾赋》三篇以下二十一家为一种，《孙卿赋》十篇以下共二十五家为一种，名类相同，而区种攸别，亦如诸子之各别为家。《校雠通义·汉志诗赋第十五》。至唐宋诗文之集，则浩如烟海矣。今即世俗所谓唐宋大家之集论之，如韩愈之儒家，柳宗元之名家，苏洵之兵家，苏轼之纵横家，王安石之法家，皆以生平所得，见于文字，旨无旁出，即古人之所以自成一子者也。其体既谓之集，自不得强列以诸子部次矣。因集部之目录而推论其要旨，以见古人所谓言有物而行有恒者，编于叙录之下。《校雠通义·宗刘第二》。子有杂家，杂于众，不杂于己，杂而犹成其家者也。文有别集，集亦杂也。杂于体，不杂于指，集亦不异于诸子也。"《文史通义·外篇·立言有本》。厥后仁和谭献复堂好持其论，而未有阐发。独仪征刘师培申叔《论文杂记》益推而衍之，以为："古人学术，各有专门，故发为文章，亦复旨无旁出，成一家言，与诸子同。试即唐宋之文言之。韩愈李翱之文，正谊明道，排斥异端。如韩愈《原道》《原性》及《答李生书》等篇，而韩文之中，无一篇不言儒术者。欧欧阳修曾巩继之，以文载道。儒家之文也。南宋诸儒文集多阐发心性、讨论性天之作，亦儒家之文。子厚柳宗元之文，善言事物之情，出以形容之词；如永州、柳州诸游记，咸能类万物之情，穷形尽相，而形容宛肖，无异写真。而知人论世，复能探原立论，核核刻深。如《桐叶封弟辨》《晋赵盾许世子义》《晋命赵衰守原论》诸作，皆翻案之文也。宋儒论史多诛心之论，皆原于此。名家之文也。明允苏洵之文，最喜论兵，如《上韩枢密书》等篇皆是，而论古人

131

之用兵者尤多。谋深虑远，排兀雄奇。兵家之文也。子瞻苏轼之文，理多未确，惟工于博辩，层出不穷。运捭阖之词，而往复卷舒，翻空易奇。纵横家之文也。陈同甫亮之文，亦以兵家兼纵横家者也。王介甫安石之文，侈言法制，因时制宜，而文辞奇峭，推阐入深。法家之文也。若夫邵雍之徒，为阴阳家，王伯厚应麟之徒，为杂家，而叶水心适之徒，则以法家而兼兵家。近代以还，文儒辈出。望溪方苞姬传姚鼐，文祖韩、欧，阐明义理，趋步宋儒。此儒家之支派也。慎修江永辅之金榜，综核礼制，章疑别微。近儒治《三礼》者，如秦蕙田、凌廷堪、程瑶田之流，咸有文集，集中亦多论礼之作。考《汉制》言名家出于礼官，则言礼学者必名家之支派也。若膺段玉裁伯申王引之，考订六书，正名辨物，近儒喜治考据，分惠、戴两大派，皆从《尔雅》《说文》入手，而诸家文集亦以说经考字之作为多。古人以字为名，名家综合名实，必以正名析词为首，故考据之文亦出名家。皆名家之支派也。叔子魏禧昆绳王源，洞明兵法，推论古今之成败，叠陈九土之险夷，落笔千言，纵横奔肆，与老苏同。此兵家之支派也。子居恽敬之文，奇峭峻悍，取法半山，亦喜论法制。安吴包世臣之文，洞陈时弊，兵农刑政，酌古准今，不讳功利之谈，爰立后王之法。此法家之支派也。朝宗侯方域之文，词源横溢。明末陈卧子等之文皆然。简斋袁枚之作，逞博矜奇，若决江河，一泻千里。俞长城诸家之文亦然。此纵横家之支派也。若夫词章之家，亦侈陈事物，娴于文词，亦当溯源于纵横家，所以仲瞿王昙稚威胡天游，虽多偶文，亦属纵横家也。雍斋沈涛于庭宋翔凤之文，杂糅谶纬，靡丽瑰奇。凡

## 第十三讲 诸子

治常州学派者，其文必杂以谶纬之词，故工于骈文，且以声色相矜。此阴阳家之支派也。若夫王锡阐、梅文鼎之集，亦多论天文历谱之文，然皆实用之学，与阴阳家不同。古人治历，所以授时也。王、梅之文，殆亦农家之支派欤？大绅汪缙台山罗有高之文，妙善玄言，析理精微。彭尺木绍升亦然。凡治佛学者，皆能发挥名理，而言语妙天下。此道家之支派也。维崧陈维崧瓯北赵翼之文，体杂俳优，涉笔成趣，凡文人之有小慧者类然。此小说家之支派也。旨归既别，夫岂强同，即人所谓文章流别也。惟诗亦然。子建曹植之诗，温柔敦厚，近于儒家。渊明陶潜之诗，澹雅冲泊，近于道家。陶潜虽喜老庄，然其诗则多出于《楚辞》。若嵇康之诗，颇得道家之意。郭璞之诗，亦有道家之意。太冲左思之诗，雄健英奇，近于纵横家。鲍明远鲍照之诗亦然。若杨素之诗，则近于法家。盖在心为志，发言为诗，讽咏篇章，可以察前人之志矣。隋唐以下，诗家专集，浩如渊海，然诗格既判，诗心亦殊。少陵杜甫之诗，惓怀君父，许身稷、契。杜句云："许身亦何愚，窃比稷与契。"是为儒家之诗。杜句云："法自儒家有。"此少陵诗文出于儒家之证。若夫朱紫阳之诗，亦儒家之诗也。太白李白之诗，超然飞腾，不愧仙才。是为纵横家之诗。后世惟辛弃疾、陈亮之词慷慨激昂，近于纵横。襄阳孟浩然之诗，逸韵大成。出于陶渊明。子瞻之诗，清言霏屑。苏诗妙善玄言，得之老佛。是为道家之诗。储光羲王维之诗，备陈穑事，寄怀旷佚，是为农家之诗。山谷黄庭坚之诗，出语深峻，开派西江。是为法家之诗。由是言之，辨章学术，诗与文同矣。要而论之，西汉之时，治学之士，侈言灾异五行，故西汉之文，多阴阳家言。东汉之末，法学盛昌，故汉魏之文，多法家言。西汉之文无一不言及天象者。三国之文若钟繇、陈群、诸葛亮之作，咸多审正名法之言，与西汉殊。六朝之士，崇尚老庄，任性自然，其文多道家言。隋唐以来，诗赋取士，托物取譬，其文多小说家言。宋代之儒，正己正物，讲学相矜，其文多儒家言。明之亡也，士大夫感慨国变，多言经世，抵掌而谈，其文多纵横家言。及于近代，溺于笺注训诂，正名辨物，其文多名家言。虽集部之书，不克与诸子并列，然因集部之目录以推论其派别源流，知集部出于子部，则后儒有作，必有反集为子者。"发凡起例，推勘尽致，可谓章学诚之忠臣，斯文之钤辖。唯自我论之，诚窃以为章氏、刘氏之明文章流别，有不同于《汉志》、刘《略》之《诗赋略》者。夫《汉志》、刘《略》著录诗赋之明流别，固已，而明诗文流别之必以诸子为例，此则章氏之义，而非《汉志》、刘《略》之例本尔。大抵《汉志》、刘《略》辨章群言，不名一途。诸子九流，以宗旨分。诗赋三家，以体气分。其著录宋玉、贾谊、司马相如之隶屈原，朱建、严助、朱买臣、司马迁、扬雄之隶陆贾，广川惠王越赋以下二十二家之隶孙卿，不过如钟嵘《诗品》之品裁诗人，著其源出于某人，以为体气文格之近似，而非如诸子九流之论宗旨也。试以唐宋人集为例：设文以韩愈为一家，李翱、皇甫湜、张籍（唐）、欧阳修、苏洵、轼、辙、曾巩、王安石（宋）、元好问（金）、姚燧（元），文之出韩愈者附焉。以张说为一家，萧颖士、李华、裴度、殷文昌、权德舆、元稹、刘禹锡（唐）、宋庠、祁、胡宿、苏颂（宋）、张溥（明）、吴伟业、王士禛（清），文之似张说者附焉。以欧阳修为一家，虞集、柳贯（元）、宋濂、杨士奇、归有光（明）、汪琬、方苞、姚鼐（清），文之出欧阳者隶焉。以李梦阳为一家，何景明、王世贞、李攀龙、陈子龙（明）、胡天游（清），文之似何、李者附焉。以杜甫为一家，韩愈、孟郊（唐）、黄庭坚、陈师道（宋）、元好问（金），诗之出杜甫者隶焉。以白居易为一家，温庭筠、李商隐（唐）、杨亿、刘筠（宋）、杨维桢（元），诗之宗香山者隶焉。其他词曲，胥本《汉志》刘《略》诗赋分家为例，不必如章氏之以子治集，刘氏之反集为子，而于声色格律之中，自得文章流别之意，使读之者举纲张目，穷源竟委，而得以疏通伦类，考镜家数，并知文章流别之不同于诸子流别。硁硁之愚，所为与章、刘有间者也。遂以附于篇。

# 第十四讲　西汉

唐蔚老诒我番禺陈澧兰甫《东塾读书记·西汉》一卷，原十三，坊本未刻，乃新出。历举西汉之焯然名家者十二人，曰陆贾、河间献王、贾谊、董仲舒、太史公、司马相如、贾山、桓次公、著《盐铁论》。淮南子、王吉、刘子政、扬子云，而力称河间献王之"修学好古，实事求是"，以为模楷。谓《淮南子》云："有符于中，则贵是而同今。古无以听其说。则所从来者远而贵之耳。"《修务训》。此说虽亦贵是，而不重好古。然《论衡》云："俗好高古，而称前闻。前人之业，菜果甘甜。后人所造，蜜酪辛苦。"《超奇篇》。此即《淮南》所谓"从来者远而贵之"，拘儒颇有此病，病在好古而不求是也。又谓："好言阴阳灾异，实汉儒之病。"则是汉儒之所贵，在"修学好古，实事求是"，而不在"好言阴阳灾异"也。此亦陈氏论学之眼，犹之其论汉《易》之言训诂举大谊，而不喜理纳甲卦气之说也。语见卷四。

阅《陆贾新语》十二篇，开宗明义《道基第一》以为："君子握道而治，据德而行，席仁而坐，仗义而行，虚无寂寞，通动无量，故制事因短而动益长，以圆制规，以矩立方。"又称："道莫大于无为，"《无为》第四。而颂舜之无为而治。盖儒而入道，衍子思、孟轲一派，而非荀卿之纯儒也。子思《坊记》以《春秋》律《礼》，《缁衣》以《诗》《书》明治。赵岐《孟子题辞》称："孟子长于《诗》《书》"，而《史记·贾本传》称："陆生时时前，称说《诗》《书》，"其著书亦多引《诗》《书》《春秋》，固与荀卿之"隆礼义而杀《诗》《书》"《儒效篇》。者不同。此其同于思、孟者一也。又《论衡·本性篇》引陆贾曰："天地生人也，以礼义之性。人能察己所以受命则顺。顺，谓之道。"是即子思"天命之谓性，率性之谓道"，孟子"性无有不善"之说也。此其同于思、孟者二也。然则陆贾者，其思、孟之支与流裔耶？唯按之《史记》《汉书》，其书有不可信者。《史记·贾本传》称："陆贾为高帝言：'秦任刑法不变，卒灭赵氏。乡使秦已并天下，行仁义，法先圣，陛下安得而有之。'"是即贾生著论《过秦》之指。而高祖乃谓生："试为我著秦所以失天下，吾所以得之者何？"陆生乃粗述存亡之征，凡著十二篇。高帝未尝不称善，号其书曰《新语》。"征"者，即征秦、汉之所以存亡也。此《新语》之所由作，岂其语有泛设哉？今《新语》泛称道德，而无一言著"秦所以失天下，汉所以得之者何"，是谓答非所问。高祖由称善。不可信一也。又《汉书·司马迁传》称："迁取《战国策》《楚汉春秋》《陆贾新语》作《史记》。"则是《陆贾新语》与

《战国策》《楚汉春秋》同为记事之书，疑如《晏子春秋》《刘向说苑》之比，其中必有著"秦所以失天下，汉所以得之者"，故史迁采以入《史记》，必其见之行事之深切著明，而非托之空言。《楚汉春秋》之采入《史记》者，张守节《正义》犹引之，今佚不可见。《战国策》取九十三事，皆与今本合。独取《陆贾新语》者无征。其不可信二也。唯马总《意林》所载，皆与今本合，李善注《文选》，亦有所采，则伪造此书者，当在唐以前耳。

《汉书·艺文志·诸子略》，儒家有《贾谊》五十八篇，《新唐书·艺文志》则称《贾谊新书》，其中《问孝》《礼容语上》两篇，有其目而亡其书，仅存五十六篇。章学诚《校雠通义》谓贾谊五十八篇收于儒家，然与法家当互见。按《史记·屈原贾生列传》曰"贾生名谊，洛阳人也，年十八，以能诵《诗》属《书》闻于郡中。吴廷尉为河南守，闻其秀才，召置门下，甚幸爱。孝文皇帝初立，闻河南守吴公治平为天下第一，故与李斯同邑，而尝学事焉，乃征为廷尉。廷尉乃言贾生年少，颇通诸子百家之书。文帝召以为博士。"则是贾生不以儒征，而廷尉言生颇通诸子百家之书也。文帝召以为博士者，召以为诸子百家之博士。《汉书·楚元王传》载刘歆移书让太常博士曰："天下众书，往往颇出，皆诸子传说，犹广立于学官，为置博士"者是也。然考生所著书，《过秦》则著其仁义不施，以为监戒。又以为汉兴至孝文二十余年，天下和洽而固，当改正朔，易服色，法制度，定官名，兴礼乐，乃悉草具其事仪法，色尚黄，数用五，为官名，悉更秦之法。庶几于《汉志》叙儒家者流所谓"顺阴阳，明教化，游文六艺之中，留意仁义之际"者，故以隶于儒。而歆书亦称之曰："在汉朝之儒，贾生而已。"《汉志》之著录贾谊入儒，《孝文传》十一篇同，盖皆取其宗旨，而非论其生平也。《史记》《汉书·儒林传》称："文帝本好刑名之言，不甚好儒术。其治尚清净无为，以故礼乐庠序未修，民俗未能大化。"则是文帝者，喜刑名法术之学，而其归本于黄、老，《十一篇》其所著书，注文帝所称及诏策，而以隶儒者，岂不以文帝除收帑及肉刑，求直言，除诽谤祠官、劝农等诏，皆尔雅温厚，有儒者气象，庶几所谓"顺阴阳，明教化，游文六艺之中，留意仁义之际"者邪？无疑于《贾谊书》矣。

贾谊儒而明法，董仲舒儒而通阴阳。贾谊颇通诸子百家之书，董仲舒著书不称子。《西京杂记》载董仲舒梦蛟龙入怀，乃作《春秋繁露》，此书记刘歆所撰。而《论衡·案书篇》则曰："董仲舒著书不称子者，意殆自谓过诸子也。"其书推本《春秋》以言天人相与之际，而往往及阴阳五行，漫滥旁衍，若亡纪极，然要其归，必止乎仁义，有与孟子相表里者。何以明其然？《孟子·万章上》称尧、舜以征天视民视、天听民听之义，犹董子《贤良策对》案《春秋》之中以明天人相与之际一也。《孟子·滕文公下》："《春秋》，天子之事也。是故孔子曰：'知我者，其惟《春秋》乎？罪我者，其惟《春秋》乎？'"赵岐注："设素王之法，谓天子之事也。"又《离娄下》："王者之迹息而《诗》亡，《诗》亡然后《春秋》作。晋之《乘》，楚之《梼杌》，鲁之《春秋》，

## 第十四讲　西汉

一也；其事则齐桓、晋文，其文则史。孔子曰：'其义则丘窃取之矣。'"赵岐注："窃取之以为素王也。"夫《滕文公下》推孔子作《春秋》之功，可谓天下一治，比之禹抑洪水，周公兼夷狄，驱猛兽，而称之曰天子之事。《离娄下》又从舜明于庶物，说到孔子作《春秋》，以为其事可继舜、禹、汤、文、武、周公。此与《繁露·三代改制质文二十三》所称"《春秋》应天，作新王之事，绌夏，新周，故宋"同指。孟子曰："《春秋》天子之事"，犹董子言以《春秋》当新王，故赵注用《公羊》素王之说。素王，谓空设一王之法。此其二也。程子曰："仲尼只说一个仁，孟子开口便说仁义。"孟子之言仁义也混，如《梁惠王上》："未有仁而遗其亲者也，未有义而后其君者也。"《离娄上》："仁之实，事亲是也。义之实，从兄是也"，仁义骈举，而未析其所以异。而董子之言仁义也析，如《仁义法第二十九》："春秋之所治，人与我也。所以治人与我者，仁与义也。以仁安人，以义正我。故仁之为言人也，义之为言我也。是故《春秋》为仁义法。仁之法，在爱人，不在爱我。义之法，在正我，不在正人。我自不正，虽能正人，弗予为义。人不被其爱，虽厚自爱，不予为仁。"仁义对称，而勘明其所以异。要其归，在于说仁义而理之矣，而《繁露》足匡孟子所未逮，三也。孟子儒而通阴阳，董仲舒亦儒而通阴阳。《繁露》多阴阳五行之谈，虽无征于七篇，然荀子非子思、孟轲，谓其案往旧造说，谓之五行，甚僻违而无类，幽隐而无说，闭约而无解。《汉书·艺文志》兵家阴阳有《孟子》一篇，则是孟子别有其书，四

141

也。独《深察名号第三十五》《实性第三十六》谓："善出性中，而性未可全为善；犹米出禾中，而禾未可全为米也。善与米，人之所继天而成于外，非在天所为之内也。天之所为，有所至而止。止之内谓之天性，止之外谓之人事。事在性外，而性不得不成德。民之号取诸瞑。使性而已善，则何故以瞑为号？"斯则与孟子性善之说有异耳。

司马迁之学，出于董仲舒《春秋》，而与父谈异趣。王鸣盛《十七史商榷》谓："太史公《自序》，述其父谈论六家要指，谓阴阳、儒、墨、名、法、道德也。其意五家各有所长，亦各有所短，并致其不满之词，而独推崇老氏道德，谓其兼有五家之长，而去其所短，且又特举道家之指约易操，事少功多，与儒之博而寡要，劳而少功两两相较，以明孔不如老。此谈之学也。而迁意则尊儒，父子异尚，犹刘向好《穀梁》而子歆明《左氏》也。汉初黄、老之学极盛，君如文、景，宫闱如窦太后，宗室如刘德，将相如曹参、陈平，名臣如张良、汲黯、郑当时、直不疑、班嗣。《汉书·叙传》。处士如盖公、《曹参传》。邓章、《袁盎传》。王生、《张释之传》。黄子、《司马迁传》。杨王孙、安丘望之《后汉书·耿弇传》。等皆宗之。而迁独不然。观其下文称引董仲舒之言，隐隐以己上承孔子，其意可见。"语见卷六。《史记·孔子世家》曰："乃因史记，作春秋，上至隐公，下讫哀公十四年，十二公；据鲁，亲周，故殷，运之三代，约其文辞而指博。"亲当作新，则与《繁露》"绌夏，新周，故宋"之说有合。而《自序》则明引董生，以见

"孔子之时,上无明君,下不得任用,故作《春秋》,垂空文以断礼义,当一王之法",亦本董子以《春秋》当新王之旨,而自明百三十篇之所为作,则曰:"自周公卒五百岁而有孔子。孔子卒后,至于今五百岁,能有绍明世,正《易传》,继《春秋》,本《诗》《书》《礼》《乐》之际,意在斯乎?意在斯乎!""斯"者,指百三十篇而言,自谓继《春秋》而攸作也。而托之于先人有言者,盖儒者善则称亲之义也。若论载笔之法,则以两语赅之,曰"厥协六经异传",曰"整齐百家杂语"。如《五帝本纪》:"予观《春秋》《国语》。"《殷本纪》:"自成汤以来,采于《诗》《书》。"《十二诸侯年表》:"太史公读《春秋历谱谍》。"《吴太伯世家》:"余读《春秋》古文。"《伯夷列传》:"学者载籍极博,犹考信于六艺。"此所谓"厥协《六经》异传"也。又《五帝本纪》:"《尚书》独载尧以来,而百家言黄帝,其文不雅驯,择其言尤雅者。"《孝武本纪》:"余究观方士祠官之言。"《管晏列传》:"吾读管氏《牧民》《山高》《乘马》《轻重》《九府》及《晏子春秋》。"《司马穰苴列传》:"余读《司马兵法》。"《孙吴列传》:"《孙子》十三篇,吴起兵法世多有。"《仲尼弟子列传》:"悉取《论语》弟子问,并次为篇。"《孟子荀卿列传》:"余读《孟子》书。""自如孟子至于吁子,世多有其书。"《商鞅列传》:"余尝读商君《开塞耕战书》。"《屈原贾生列传》"余读《离骚》《天问》《招魂》《哀郢》。"《郦生陆贾列传》:"余读陆生《新语书》。"此所谓"整齐百家杂语"

也。曰"厥协",曰"整齐",而观其会通,一以六经为衡。《伯夷列传》所谓"学者载籍极博,犹考信于六艺"者也。《汉书·司马迁传赞》乃谓:"迁论大道,先黄老而后六经。"此自述其父谈论六家要指耳,于迁何与。但不便斥老,斥老,则形父之短耳。

《扬子法言·问神篇》云:"或曰:'淮南其多知欤?曷其杂也?'曰:'人病以多知为杂。'"而上元梅曾亮伯言《柏枧山房集·淮南子书后》曰:"《淮南子》剽窃曼衍,与安所为文不类。"此实似是而非之论。按《汉书·艺文志》杂家《淮南·内》二十一篇,外三十三篇。师古曰:"《内篇》论道,《外篇》杂说。"今所存者二十一篇,盖内篇也。后汉高诱为之注解而序其书,称:"其旨近老子,淡泊无为,蹈虚守静,出入经道,及古今治乱,存亡祸福,世间诡异瑰奇之事,无所不载。然其大较归之于道。号曰《鸿烈》。鸿,大也;烈,明也;以为大明道之言也。"则是立言有宗,其大较归之于道。善有元,事有会,则亦何病以多知为杂也。本二十篇,《要略》一篇,则叙目也。自来无言《淮南子》伪者,然自来亦无言刘安作者。而梅氏乃称其"剽窃曼衍,与安所为文不类",不知《汉书·淮南王传》称:"安招致宾客方术之士数千人,作为《内书》二十一篇",本不言安作,而出众人手笔,如《吕氏春秋》二十六篇之"出秦相吕不韦辑智略士作"也。《史记·吕不韦传》《汉书·艺文志》。何必以"与安所为文不类"为嫌乎?高诱序亦言:"天下方术之士多往归焉,于是遂与苏飞、李尚、左吴、田由、雷被、毛被、伍被、晋昌等八人,及诸儒大山、小山之徒，共讲论道德，总统仁义而著此书。"正合《汉书·艺文志》序杂家者流，称："出议官，兼儒墨，合名法"，盖出于当日众人之杂议，各抒所见而作，以故列入杂家。而杂家之所以异于儒、道、名、墨诸家者，盖所由来者不同。诸家本师说传授，杂家出众议驳杂也。杂家者言，无不"剽窃曼衍"者，盖与议者不专一家、尊其所闻故也。尊其所闻，故不嫌"剽窃"；不专一家，故旁涉"曼衍"，势所必至，何必以此致讥于淮南乎？然淮南不以集众为讳，而以裁定之权，自命一家言，故其宗旨，未尝不约于一律，斯又出于宾客之所不与，杂而犹成其家者也。

　　《盐铁论》者，汉始元六年，公卿贤良文学所与共议者也。桓宽辑而论纂，本末具见《汉书·公孙刘车王杨蔡陈郑列传》赞。所论皆食货之事，而游文六艺，言必称先王，自《隋书·经籍志》皆依《汉书·艺文志》列儒家。然宋高似孙《子略》曰："汉世近古，莫古乎议。国有大事，诏公卿、列侯、二千石、博士、议郎杂议，是以庙祀议，伐匈奴议，捐珠厓议，而右渠论经亦有议，皆所以谓询谋佥同。"此盖杂家之支与流裔，而与《汉志》序称："杂家者流，盖出议官，兼儒墨，合名法，知国体之有此，见王治之无不贯"，其意有合者也。而增广条目，极其论难，著数万言，成一家之法者，则西汉有《盐铁论》，东汉有班固《白虎通德论》。倘以《吕氏春秋》《淮南鸿烈》为例，当入杂家。如以《盐铁论》《白虎通德论》游文六艺，当入儒家。则《淮南鸿烈》，其大较归之于道，何不入道家乎？

《汉书·艺文志·诸子略》儒家著录《刘向所序六十七篇》，注"《新序》《说苑》《世说》《列女传》《颂图》也。"按《汉书·楚元王传》曰："向本名更生。元帝初即位，中书宦官弘恭、石显弄权。前将军萧望之、光禄勋周堪、光禄大夫给事中张猛相继潜死，更生伤之，乃著《疾谗》《摘要》《救危》及《世颂》凡八篇，依兴古事，悼己及同类。"疑《疾谗》《摘要》《救危》及《世颂》，盖皆《世说》中篇目，即《世说》也。《传》又曰："成帝即位，向睹俗弥奢淫，而赵、卫之属起微贱，逾礼制。向以为王教由内及外，自近者始，故采《诗》《书》所载贤妃贞妇兴国显家可法则，及孽嬖乱亡者，序次为《列女传》，凡八篇，以戒天子。及采传记行事，著《新序》《说苑》凡五十篇，奏之。"都向所序《新序》《说苑》凡五十篇，合《世说》八篇，《列女传》八篇，凡六十六篇，视《志》称《所序六十七篇》尚少一篇，不知为何？"所序"云者，明其述而不作，如传所云"依兴古事"，"采取《诗》《书》所载"及"采传记行事"是也。《世说》今亡，《新序》《说苑》亦残。《隋书·经籍志》载《新序》三十卷，《说苑》二十卷，合五十卷。卷即是篇，与《汉书》五十篇之数合。今传《新序》十卷，《说苑》二十卷，皆每卷一篇，则《新序》亡二十篇。然据乌程严可均景文《铁桥漫稿·书说苑后》称："宋本《说苑》有刘向序，言凡二十篇，七百八十四章。今本《说苑》计六百六十三章，视向序少一百二十一章。"是《说苑》亦非完书。余姚卢文弨抱经《群书拾补》中有《新序校补》《说苑校补》。所录皆春秋至汉初轶事，而春秋时事尤多，大抵采百家传记可为法戒者，以类相从，故颇与《春秋内外传》《战国策》《太史公书》相出入。两书体例相同，大指亦复相类，其所以分为两书之故，莫之能详。有一事而两书异辞者，盖采撮群书，各据所见，既奠定其孰是，宁传疑而两存，盖其慎也。高似孙《子略》谓："先秦古书，甫脱烬劫，一入向笔，采撷不遗。至其正纪纲，迪教化，辨邪正，黜异端，以为汉归监者，尽在此书。"固未免推崇已甚。至其推明古训，以衷之于道德仁义，庶几"游文六艺，留意仁义"，不失儒者之旨已。《列女传》存而亡其图。《别录》曰："臣向与黄门侍郎歆所校《列女传》，种类相从，为七篇。"《初学记》卷二十五引。而《汉书本传》称"《列女传》凡八篇"者，据王回序云："此书有《母仪》《贤明》《仁智》《贞顺》《节义》《辨通》《孽嬖》等目，而各颂其义，图其状，总为卒篇。传如太史公记，颂如《诗》之四言，而图为屏风。"图今亡，独仪征阮福喜斋仿宋刻《列女传》，有晋大司马参军顾恺之图画，疑摹汉画也。郝懿行妻王圆照，汪远孙妻梁瑞，陈衍妻萧管道，俱有《列女传》注本。然向所序，依兴故事，不同诸子之立意为宗。章学诚《校雠通义》曰："《说苑》《新序》杂举春秋时事，当互见《春秋》之篇。《世说》今不可详，本传所谓《疾谗》《摘要》《救危》及《世颂》诸篇，依兴古事，悼己及同类也，似亦可以互见《春秋》。惟《列女传》本采《诗》《书》所载妇德可垂法戒之事，以之讽谏宫闱，则是史家传记之书。而《汉志》未有传记专门，亦当附次《春秋》之后，可矣。至其引风缀雅，托兴六义，又与《韩诗外传》相为出入，则互注于《诗经》部次，庶几相合。总非诸子儒家书也。"《汉志诸子篇》。《列女传》盖自《隋书·经籍志》即入杂传类云。

刘向述而不作，以依兴古事。扬雄独抒己见，以模范经文。《太玄》模《易》，《法言》模《论语》，《方言》模《尔雅》。属辞比事，《春秋》教也，刘向以之。钩深索隐，《易》学也，扬雄以之。然《易》刚柔无常，兼权进退，而扬雄为《太玄》，则偏主于柔退，其指一本老氏。《朱子语录》曰："扬子为人思沈，会去思索，其学本似老氏，如清静渊默等语，皆是老氏意思。"此宗旨之不同也。又《太玄》虽准《易》而作，然托始高辛、太初二历而为之，故《玄》有方州部家，凡四重而为一首九赞，首名以节气起止，赞义以五行胜克，通七百二十九赞有奇，分主昼夜，以应三百六旬有六日之度。首准一卦，始于《中》，准《中孚》；而终于《养》，准《颐》。二十四气，七十二候，与夫二十八宿错居其间，先后之序，盖不可得而少差也。夫卦气之说，出于孟喜，而其书不传，其说不详。《汉书·京房传》曰："分六十卦，更直日用事，以风雨寒温为候。"注引孟康曰："分卦直日之法，一爻主一日，六十卦为三百六十日，余四卦震离兑坎，为方伯监司之官。所以用震离兑坎者，是二至二分用事之日。"其说亦见于《易纬稽览图》《是类谋》。所云"卦气起《中孚》，以一卦主六日七分，六十卦主一岁三百六十五日四分日之一"，大谊略同。此《玄》之所准者也。然

## 第十四讲 西汉

朱一新《无邪堂答问》则论《太玄》虽扬雄拟《易》而作，然自为一书，其数并非《易》数，《易》数自一而二，二而四，四四而八，以逮于六十四，皆偶数；《太玄》自一而三，三而九，以逮于八十一，皆奇数。老子谓："一生二，二生三，三生万物。"算数如是。积算至三，则可生万。《大戴礼·易本命篇》："天一、地二、人三，三三而九、九九八十一。"孔巽轩补注，以太乙主客算明之，是也。九九八十一，为变之极，可引之，而至于无穷，故黄钟以八十一分立数，十二律皆由此生。扬雄精算术，依《太初》以作《太玄》，与老氏之言适合。其用数则《汉书·律历志》详言之，《困学纪闻》引叶石林之言，是也。三为生物之数，《太玄》用之。五为天地中数，司马光《潜虚》用之。唯邵康节《皇极经世》用偶数，乃《易》之本数耳。《易》明阴阳，阴阳一奇一偶，故以二起数。程子谓先天是加一倍法。盖两仪生四象，四象生八卦，康节本此为推，非有他异。其于天地人物，皆以四事分配，亦此意也。以《太玄》非《易》之本数，班氏入之儒家，位置最当。此用数之不同也。按《汉书·雄本传》称："玄首四重也，非卦也，数也。其用自天元推一昼一夜阴阳数度律历之纪，九九大运，与《太初历》相应，亦有颛顼之历焉。"则是《太玄》推律历节候而作，其说至明。卷首所列旧图，具七十二候。顾明龙泉叶子奇撰《太玄本旨》九卷，一扫星历之说，谓《太玄》附会律历节候而强其合，不无臆见，因别为诠释。亦如《易》家之有王弼，废象数而言义理者也。

司马光《扬子序》曰："韩文公称荀子，以为在轲、雄之间。又曰：'孟子，醇乎醇者也。荀与扬，大醇而小疵。'三子皆大贤，祖六艺而师孔子。孟子好《诗》《书》，荀子好《礼》，扬子好《易》。古今之人，所共宗仰。然扬子之书最后，监于二子而折衷于圣人，潜心以求道之极致，至于白首，然后著书，故其所得为多。孟子之文直而显，荀子之文富而丽，扬子之文简而奥。惟其简而奥也，故难知。"韩退之盛推孟，司马光独宗扬，宋儒多在韩退之门下讨生活，欧、苏、曾、王之论文，二程、张、朱之尊孟，其灿然者已。独司马光超然绝出，不同寻常。其论学不信孟子，《疑孟》有书；其文章直起直落，质实骏爽，不为描头画角，而真气贯注，王安石推其文类西汉，可谓卓然有以自立者。世人浅见寡识，论古文限于唐宋八家。而不知司马光疏疏落落，其雄骏掩韩、欧而上之。余故特表而出之云。

阅《史记·儒林列传》，取《汉书》校一过。窃谓《儒林列传》，而仲尼弟子七十七人，及孟子、荀卿不与者，以其身通六艺，而不专一经也。《汉书·艺文志·诸子略》称："儒家者流，游文六经之中，留意仁义之际。"《论衡·超奇篇》曰："能说一经者为儒生。"而《儒林》所列，"能说一经者为儒生"也，儒之不名家者也。班固作《汉书》，亦崇儒家而薄儒生，《扬雄传》称雄"不为章句训诂，通而已"，以见为章句训诂之通者少也。何谓通？《艺文志·六艺略》言："古之学者耕且养，三年而通一艺，存其大体，玩经文而已。是故用日少而畜德多，三十而五经立。"

## 第十四讲 西汉

此之谓"游文六经",亦此之谓"不为章句训诂,通而已"。而儒生则不然,能说一经,为章句训诂。《易》之有施、孟、梁、丘,《书》之有欧阳、大小夏侯,《诗》之有齐、鲁、韩、毛,《礼》之有大小戴、庆氏,《春秋公羊》之有严、颜,《史记》《汉书》著入《儒林传》者皆是,亦称辟儒。《艺文志·诸子略》叙儒家称:"惑者既失精微,而辟者又随时抑扬,远离道本,苟以哗众取宠。后进循之,是以五经乖析,儒学寖衰。此辟儒之患。""五经乖析"者,谓其"能说一经",而不能"游文六经"也。又《六艺略》称:"后世经传既已乖离,而博学者又不思多闻阙疑之义,而务碎义逃难,便辞巧说,破坏形体,说五字之文至于二三万言。桓谭《新论》云:'秦近君能说《尧典》,篇目两字之说,至于十万言。但说"曰若稽古",三万言。'后进弥以驰逐。故幼童而守一艺,白首而后能言。案其所习,毁所不见,终以自蔽,此学者之大患。"亦指儒生而言。若夫儒家者流,则不专一经,不为章句训诂,"存其大体,玩经文而已"。游文六经,留意仁义。其著书则录入诸子,不专经而名家;其人则助人君,顺阴阳,明教化,而特显以专传,若贾谊、董仲舒、刘向、扬雄者是也。大抵儒生不工文章,而儒家者流则无不能文者。亦称鸿儒。《论衡·超奇篇》曰:"能精思著文,连结篇章者为鸿儒"是也。《汉书》之例,儒生入《儒林》,儒家立专传。而范晔《后汉书》以贾逵、郑玄兼通五经,立专传而互见《儒林》,亦用班《书》贾谊、董仲舒、刘向互见《儒林》之列也。

151

谭汉学者，多诵训诂而昧理学。不知宋儒有理学，汉儒亦有理学。而治汉儒理学，尤不可不读《春秋繁露》《白虎通》两书。《春秋繁露》有江都凌曙晓楼注，《白虎通》有句容陈立卓人疏证，皆以名家。《尔雅》《说文》只知逐字解诂，而全体大用欠分晓，但言训诂名物，未明义理。而读《春秋繁露》及《白虎通》，则以《繁露》为《春秋》之名宗，阐《春秋》慎辞谨于名伦等物之意；《白虎通》为礼家之名宗，发礼官正百物、叙尊卑、控名而责实之指。义理征于训诂，而人伦道妙之全体大用，即见名物训诂之中，然后复由训诂名物以通义理，途径顿辟。然后进而读《小戴礼记》四十九篇，以见威仪节文，不过以征理之不可易，而知控名责实，义理之即名伦等物而见。此汉儒之理学也。汉儒以礼为理，承荀卿礼宗之绪；宋学认性即理，发孟子性善之指。汉儒蹈礼履仁，附会阴阳家言；宋学明心见性，多杂禅宗说。汉儒只于威仪事为，著实体认；而宋学则性天道奥，愈勘愈深，此其较也。

# 第十五讲　郑学

汉儒有专家，有通学。十三经所采者，《诗》有《毛公传》，《公羊》有何休学，专名一经，学无旁涉，专家也。独郑君戒子，自称"博稽六艺"，不限专经，通学也。大抵西京多专家，而后汉喜通学。

《后汉书·郑玄传》称："凡玄所注，《周易》《尚书》《毛诗》《仪礼》《礼记》《论语》《孝经》《尚书》《大传》《中候》《乾象历》，又著《天文七政论》《鲁礼禘祫议》《六艺论》《毛诗谱》《驳许慎五经异义》《答临孝存周礼难》，凡百余万言。门生相与撰玄答诸弟子问五经，依《论语》作《郑志》八篇。"今可考见者：《诗毛传笺》《周礼注》《仪礼注》《礼记注》，皆足本也。其散佚而有辑本者，就所睹记，则有卢见曾刻《雅雨堂丛书》辑本《郑氏易注》十卷，丁杰辑补《乾凿度郑注》二卷，陈春刻《湖海楼丛书本》，丁杰《辑补周易郑注》十二卷，此《周易》也。《岱南阁别行本》孙星衍辑《尚书马郑注》十卷，

《焦氏丛书》本焦循撰《禹贡郑注释》二卷，《学津》辑本《尚书中候郑注》五卷，此《尚书》也。《问经堂》辑本《箴膏肓》一卷，《起废疾》一卷，《发墨守》一卷，此《春秋》也。浮溪精舍本宋翔凤辑《论语郑注》十卷，此《论语》也。知不足斋本臧庸辑《孝经郑氏解》一卷，严可均《四录堂类集》本《孝经郑氏注》一卷，此《孝经》也。问经堂本王复辑《五经异义》许慎并《驳义》郑玄一卷，《补遗》一卷，学海堂本陈寿祺撰《五经异义疏证》三卷，秦鉴刻《汗筠斋丛书》本钱东垣等校《郑志》三卷，附录一卷，别下斋刻本陈鳣辑《六艺论》一卷，此五经总义也。又有黄奭辑刻汉学堂本《高密遗书》十四种，曰《六艺论》《易注》《尚书注》《尚书大传注》《毛诗谱》《箴膏肓》《释废疾》《发墨守》《丧服变除》《驳五经异义》《答临孝存周礼难》《三礼目录》《鲁禘祫议》《论语注》《郑志》《郑记》，可谓伙颐沈沈矣。

郑君自称曰："博稽六艺，粗览传记。"范晔赞论曰："括囊六典，网罗众家。"盖该六艺而言，则不专一经；执一经以说，则不主一家。《后汉书·玄本传》称："师事京兆第五元先始通《京氏易》《公羊春秋》《三统历》《九章算术》。又从东郡张恭祖受《周官》《礼记》《左氏春秋》《韩诗》《古文尚书》。以山东无足问者，乃西入关，因涿郡卢植，事扶风马融。"笺毛诗，则旁采鲁、韩；注《周官》，则兼及《仪礼》《礼记》。今古之学兼综，门户之见尽祛。观其会通，择善而从，此所以为通也。《后汉书·儒林传》曰："许慎以五经传说臧否不同，于是撰为《五经异义》。时人为之语曰'五经无双许叔重'"。然则"博稽六艺"，盖许慎之所同，而"网罗众家"则郑君之所独。许慎撰《五经异义》，明今古之分，以敦崇古学。郑君驳《五经异义》，破今古之樊，以兼采今说。此其较也。世人骈称许、郑而不别白其辞，夫岂若是其班欤？

# 第十六讲　三国

东汉经学之所为不同于西京者，由专而通。魏、晋经学之所以立异于东汉者，由郑而王。由专而通者，大道无方，学术会通之自然。由郑而王者，世情忌前，后生夺易之私意。《三国志·王肃传》称："肃善贾、马之学而不好郑氏，采会异同，为《尚书》《诗》《论语》《三礼》《左氏解》，及撰定父朗所作《易传》，皆列于学官。其所论驳朝廷典制郊祀宗庙丧纪轻重，凡百余篇。"又云："肃集《圣证论》，以讥短玄。"然玄名家，在能兼综今古，采会同异。而肃难玄，则当别白今古，辨析同异，如许慎《异义》之学可也。而肃不然，不过玄用今文，而肃难以古文；玄用古文，肃难以今文，唯锐意于夺而易之，王肃《孔子家语》序云："郑氏学行五十载矣。义理不安，违错者多，是以夺而易之。"故为立异耳。观于《圣证论》以按《五经异义》而可知也。善化皮锡瑞鹿门《礼经通论》亦历著之。

刘知几云："王肃注书，好发郑短，凡有小失，皆在《圣证》。"其书久佚，马国翰《玉函山房辑佚书·圣证论》一卷。

《汉书·艺文志》有《孔子家语》二十七卷，颜师古注："非今所有《家语》。"世所传《家语》，凡四十四篇，王肃注。《礼·乐记》称："舜弹五弦之琴，以歌南风。"郑注："其词未闻。"孔颖达载肃作《圣证论》，引《家语》阜财解愠之诗以难康成。又载马昭之说，谓："《家语》，王肃所增加，非郑所见。"王柏《家语考》曰："四十四篇之《家语》，乃王肃自取《左传》、《国语》、《荀》、《孟》、二《戴记》割裂织成之。孔衍之序，亦王肃自为也。"自昔疑之者多，而未有专书。至清乾隆间仁和孙志祖颐谷撰有《家语疏证》六卷，以为："说经而不尊信郑康成，宜大道歧而卮言出也。背康成，由王肃；信王肃，由宋人。王肃之背经诬圣，由伪造《家语》《孔丛子》及作《圣证论》，改易汉以上郊祀宗庙丧纪之制。"惜魏时王基、孙炎、马昭难王之书皆不传，因博集群书，凡肃所剿窃者，皆疏通证明之，以证肃之窜改谬妄，以明《家语》之非古本。刊版流播，学者称快。又集驳《圣证论》及疏证《孔丛·小尔雅》之非古本，其书未成。独传《家语疏证》一书。海宁陈鳣仲鱼序其端曰："《尚书》、孔《传》及《家语》，俱王肃一人所作。《尚书》二十八篇，汉世大儒皆习之。肃固不敢窜改，唯于伪增之篇，并伪为孔《传》以逞其私。至于《家语》，肃以前儒者绝不引及，肃诡以孔子二十二世猛家有其书，取以为解。观其伪孔安国后叙云'以意增损其言'，则已自供罪状。然而肃之自叙，首即以郑氏学为'义理不安，违错者多，是以夺而易之。'夫叙孔子之书，而先言夺郑氏之学，则是附会古说，攻驳前儒可知矣。又《自叙》引语云：'牢曰子云吾不试，故艺'，谈者不知为谁，多妄为之说。《孔子家语》'弟子有琴张，一名牢，字子开，一字张，卫人也。'考郑注《论语》'牢，弟子子牢也。'肃之所谓谈者，即指郑氏。夫《论语》记弟子不应称名，汉《白水碑》琴张、琴牢判为二人，安得牵合若此耶？马昭去肃未远，乃于《家语》，一则曰'王肃增加'，再则曰'王肃私定'，斯言可为笃论。"然籀马昭语气，曰增加，则有原文，有增加似不全伪造也。今按四十四篇，杂采《荀子》《小戴记》者三十三篇，全袭《大戴记者》五篇，唯《致思》《观周》《辩政》《辩物》《七十二弟子解》《本性解》六篇，别本他书。

《晋书·范宁传》称："时以浮虚相扇，儒雅日替。宁以为其源始于王弼、何晏蔑弃典文，不遵礼度，游辞浮说，波荡后生。二人之罪，深于桀、纣。桀、纣暴虐，正足以灭身覆国，为后世鉴戒耳，岂能迥百姓之视听哉！吾固以为一世之祸轻。历代之罪重，自丧之衅小，迷众之罪大也。宁崇儒抑俗，率皆如此。"然何晏解《论》，集汉儒训诂之善，古义仅存；辅嗣注《易》，开宋儒义理之先，新蹊自辟。模楷儒林，亦自名家，何尝蔑弃典文，如宁所讥乎？

王弼《易》注，说汉《易》者屏之不论不议。独江都焦循理堂以弼通借解经，法本汉儒，撰《周易补疏》而序其端曰："昔赵宾解箕子为荄兹，或讽其说曰，非王弼辈所能知也。然弼之解箕子，正用赵宾说，孔颖达辈不能申明之也。非特此也。如读彭为旁，借雍为瓮，通孚为浮而训为务躁，解斯为厮而释为贱役。诸若此，非明乎声音训诂，何足以明之。东汉末以《易》学名家者，称荀、刘、马、郑。荀谓慈明爽，刘谓景升表。表之学受于王畅，畅为粲之祖父，与表皆山阳高平人。粲族兄凯为刘表女婿，凯生业，业生二子，长宏，次弼。粲二子既诛，使业为粲嗣。然则王弼者，刘表之外曾孙，而王粲之嗣孙，即畅之嗣元孙也。弼之学，盖渊源于刘，而实根本于畅。宏字正宗，亦撰《易》义。王氏兄弟皆以《易》名，可知其所受者远矣。故弼之《易》虽参以己见，而以六书通借解经之法，尚未远于马、郑诸儒，特貌为高简，故疏者概视为空论耳。弼天资察慧，通俊卓出，盖有见于说《易》者支离附会，思去伪以得其真，而力不逮，故知变卦之非而用反对，知五气之妄而信十二辟，唯之与阿，未见胜也。解龙战以坤上六为阳之地，固本爻辰之在己；解文柔文刚以乾二坤上言，仍用卦变之自泰来，改换其皮毛，而本无真识也。然于观则会及全蒙，于损亦通诸剥道。聪不明之传，似明比例之相同；观我生之交，颇见升降之有合。机之所触，原有悟心。然则弼之《易》，未可屏诸不论不议也。"可谓明于独炤，不随众诟者。

魏受汉禅，而学风迥异。（一）东汉经学极盛，崇尚儒者，而魏氏承汉，谭学喜老、庄，从政师商、韩，竞以儒家为迂阔，不周世用。（二）东汉士风敦厚，服膺先儒，辨其参差而不没其多善，辞气谦恭，无嚣争求胜之心。其焯焯可考信者，郑玄破先儒而不明引其说，又以马季长弟子，不欲正言相非，依违而言，见卷十五《郑学》。不如三国时王弼、虞翻以所长笑人，好为诋诽，既失博学知服之义，且开露才扬己之风，此学者之大病也。

# 第十七讲　朱子

陈氏《郑学篇》引王西庄云："学者若能识得康成深处，方知程、朱义理之学，汉儒已见及。程、朱研精义理，仍即汉儒意趣，两家本一家。"《十七史商榷》卷六十四。以为："昔之道学家，罕有知汉儒见及义理之学者。更罕有知程、朱即汉儒意趣者。"而此篇则引朱子《论语训蒙口义序》云："本之《注疏》以通其训诂，参之《释文》以正其音读，然后会之诸老先生之说以发其精微。"《语孟集义序》云："汉、魏诸儒正音读，通训诂，考制度，辨名物，其功博矣。学者苟不先涉其流，则亦何以用力于此。"遍举《文集》《语类》之发此义者，以明朱子之守注疏，治训诂，由训诂以通义理。然朱子《答黄直卿书》："为学直是先要立其本，文义却可且与说出正义，令其宽玩味，未可便令考校同异，研究纤密。恐其意思促迫，难得长进。"朱子好考证之学，而又极言考证之病。陈氏乃申论之曰："读书，玩理与考证，自是两种工夫。朱子立大规模，故能兼之。学者不能兼，则不若专意于其近者也。朱子时为考证之学甚难，今则诸儒考证之书略备，几于见成事物矣。学者取见成之书而观之，不甚费力，不至于困矣。至专意于其近者，则尤为切要之学，而近百年来，为考证之学者多，专意于近者反少，则风气之偏也。"此则承汉学极炽之后，而为补偏救弊之谈，陈氏生平宗旨所在，而东塾读书之眼，学者不可不知。所谓"专意于其近者"，即在人伦日用之间。孔子曰："己欲立而立人，己欲达则达人。能近取譬，可谓仁之方也已。"《中庸》谓"忠恕违道不远，施诸己而不愿，亦勿施于人"，此之谓近，亦此之谓"立其本"也。

陈氏之指，在融通汉宋。然在清乾隆以前，未尝有标揭汉学以诋宋儒者。太原阎若璩百诗，甘泉江藩郑堂撰《汉学师承记》，尝揭举之为汉学开山之祖者也。然若璩以《古文尚书疏证》有大名，而古文二十九篇之伪，《朱子语录》已发其覆，特证佐未具，俟若璩出而搜集，加以论定焉尔。若璩作《毛朱诗说》，右《集传》而左《毛序》，此其于汉学殆不仅有骑墙之见而已。至济阳张尔岐稷若、婺源江永慎修二人，则又笃信朱子，彰彰可考者也。张尔岐之《仪礼郑注句读》，江永之《礼经纲目》，咸用朱子《仪礼经传通解》之法，而江氏《近思录集注》尤理学之圭臬，张氏且尝以有明甲申之变，由于秉国成者菲薄程、朱之一念有以致之，语著《蒿庵闲话》，何尝以汉学标举乎？吴县惠周惕元龙，子士奇天牧及孙栋定宇，三世传经，栋所造尤邃，著《周易述》《古文尚书考》《春秋补注》《九经古义》等书。论者拟之汉儒，在何邵公、服子慎之间。而惠氏红豆山斋楹帖云："六经宗孔孟，百行法程朱。"亦何尝以汉学标举乎？休宁戴震东原为皖派开山，其学本出江永，作《原善》《孟子字义疏证》，虽与朱子说经牴牾，采朱子说以撰《毛郑诗考正》，则亦未尝故立崖岸。金坛段玉裁若膺受学于震，议以震配享朱子祠，又跋朱子《小学》称："或谓汉人言小学，谓六书，非朱子所云，此言尤悖。夫言各有当，汉人之小学，一艺也。朱子之《小学》，蒙养之全功也。"段氏以精研《说文》之人，而推朱子《小学》以崇之汉人《小学》之上，何尝标揭汉学以诋宋儒乎？江藩为惠定宇再传弟子，其师吴下余萧客古农，执贽于惠氏。辩生末学，始标揭汉学以撰《师承记》，门户角张。段氏外孙仁和龚自珍璱人即不谓然，诒笺诤曰："大著读讫，其曰《汉学师承记》，名目有十不安焉。改为《国朝经学师承记》，敢贡其说。夫读书者实事求是，千古同之。此虽汉人语，非汉人所能夺。一不安也。本朝自有学，非汉学，有汉人稍开门径而近加邃密者，有汉人未开之门径。谓之汉学，不甚甘心。不安二也。琐碎饾饤，不可谓非学，不得为汉学！三也。汉人与汉人不同，家各一经，经各一师，孰为汉学乎？四也。若以汉与宋为对峙，尤非大方之言。汉人何尝不谈性道。五也。宋人何尝不谈名物训诂，不足概服宋儒之心。六也。近者有一类人，以名物训诂为尽圣人之道，经师收之，人师摈之。以诬汉人，汉人不受。七也。汉人有一种风气，与经无与，而附于经，谬以禨祥、梓慎之言为经，因以汩陈五行、矫诬上帝为说经。《大易》《洪范》身无完肤，虽刘向亦不免，以及东京

165

内学。本朝人何尝有此恶习,本朝人又不受矣。八也。本朝别有绝峙之士,涵泳白文,创获于经,非汉非宋,亦其是而已矣。方且为门户之见者所摈。九也。国初之学,与乾隆初年以来之学不同。国初即不专立汉学门户,大旨欠区别。十也。有此十者,改其名目,则浑浑圜圜,无一切语弊矣。"江藩不从,其乡人焦循理堂亦有异议。桐城方东树植之遂作《汉学商兑》,以为反唇之论,是为汉宋之争所由始也。

方东树生乾、嘉汉学极盛之日,撰为《汉学商兑》上中下三卷,其指在申宋学以诎汉学,急言极论,殚见洽闻。词笔既明快,足以达其所见;考据尤详该,足以证其不诬。汉学家每以考据傲宋学之不逮,而东树即以考据发汉学之覆。晰而不枝,核而能当,即以其人之道,还治其人之身,实开后来陈东塾、朱无邪一派。博学明辨,未可以文章之士而少之也。其书仿朱子《杂学辨》例,摘录汉学家议论,各为辨正。而综其指要,大端有六:一曰宋儒明义理之不废训诂。昔宋周公谨有言曰:"伊洛之学,行于世,至乾道、淳熙间盛矣。其能发明先贤旨意,溯流徂源,论著讲解,卓然自为一家者,新安朱氏元晦尤渊深精诣。盖其以至高之才,至博之学,而一切收敛,归诸义理,其上极于性命天人之微,而下至于训诂名数之末,未尝举一而废一。盖孔孟之道,至伊洛而始得其传,而伊洛之学,至朱氏而始无余蕴,必若是而后可言道学也已。"而汉学家议论,乃以宋儒废《注疏》,使学者空言穷理,启后学荒经蔑古空疏之陋。然此可以讥陆、王,而非所论于朱子。朱子教人为学,

## 第十七讲　朱子

谆谆于汉魏诸儒，正音读，通训诂，考制度，释名物，学者不先涉其流，则亦何以用力，而所为《四书集注》，唯重发明义理者，以训诂名物，注疏已详，不复为解。故曰："邢昺《论语疏》集汉、魏诸儒之说，其于章句训诂之际详矣。学者读是书，其文义名物之详，当求之《注疏》，有不可略者。"又曰："秦、汉以来，圣学不传。儒者惟知训诂章句之为事，而不知复求圣人之意，以明夫性命道德之归。然或徒诵其言以为高，而不知深求其意，遂致脱略章句，陵藉训诂，坐谈空妙，而其为患反有甚于前日之陋者。"又曰："自秦、汉以来，儒者不知反己潜心，而以记览诵说为事，是以有道君子，深以为忧。然亦未尝遂以束书不观，坐谈空妙，为可侥幸于有闻也。"又曰："或遗弃事物，脱略章句，而相与驰于虚旷杳渺之中。"又曰："其有志于己者，又直以为可以取足于心而无事外求也，是以堕于佛老空虚之邪见，而义理之正，法度之详，有不察也。"此指陆子。又引《说文》解《易·恒卦》；又于《大有》用享，以为亨享字，《易》中多互用，因言文字音韵，是经中浅事，故先儒得其大者，多不留意。然此等处不理会，却费无限辞说牵补，卒不得其意，亦甚害事。据此，朱子教人读书平实如此，可知朱子非废训诂名物不讲，如汉学诸人所訾谤也。又诸汉学家皆讥义理为凿空，亦是诐辞。须知孔子系《易传》及子夏、子贡、孟子、《礼记》、《大学》、《中庸》诸篇及《孝经》等，凡引《诗》《书》，皆不拘求训诂，即汉儒如费直、匡衡亦然，不独程子也。然而朱子训诂诸经，一字一句无不根极典谟，每谓："摆落传注，须是二程先生，方始开得此口。若后学未到此地位，便承虚接响，容易呵叱，恐属僭越气象。"特不如汉学家之泛引驳杂耳。一曰汉学言训诂之必衷义理。戴东原尝言："训诂者，义理之所从出，非别有义理出乎训诂之外也。"又言："吾自十七岁时。有志闻道，谓非求之六经孔孟不得。非从事字义名物制度，无由通其语言文字"云云。若是，则与朱子固为一家之学矣。顾所以斥朱儒者，则曰："以理为学，以道为统，以心为宗，探之茫茫，索之冥冥，不如反而求之六经。"昔程子受学于周茂叔，亦曰"反而求之六经"，则程、朱固未尝舍六经而为学也。且所谓求于六经者，何也？非谓求其道，求其理，求其心耶？戴氏力禁言理，而所以反求之于六经者，仅在于形声训诂名物制度之末。譬如良农春谷，尽取精凿以去，贫子不知，方持糠秕以傲之，何以异于是？古今学问大抵二端：一小学，一大学。训诂名物制度，只是小学内事。《大学》直从明新说起，《中庸》直从性道说起，此程、朱之教所主，为其已成就向上，非初学之比。如颜子问仁，问为邦，此时自不待与之言小学事矣。子夏固谓草木有区别，是也。汉学家昧于小学大学之分，混小学于大学，白首著书，毕生尽力，止以名物训诂典章制度，小学之事，成名立身，用以当大人之学之究竟，绝不复求明新至善之止，痛斥义理性道之教，不知本末也。夫谓义理即在训诂，是也。然训诂不得义理之真，致误解古经，实多有之。若不以义理为之主，则彼所谓训诂者，安可恃以无差谬也。古人一字异训，言各有当。汉学家说经，不顾当处上下文义，第执一以通，乖违悖戾，而曰义理本于训诂，其可信乎？言不问是非，人唯论时代，以为去圣未远，自有所受。不知汉儒所说，违误害理者甚众。如荀悦《申鉴》云："文有磨灭者，音有楚夏，出有先后。或学者先意，有所措定。后世相仿，弥以滋伪。"朱国桢《涌幢小品》云："古人古事古字，散见杂出，各不相同，见其一，不见其二，哄然纠驳，未免为古人所笑。"不明乎此，而强执异本异文，以训诂齐之，其可乎？汉学诸人，释经解字，谓本之古义者，大率祖述汉儒之误，傅会左验，坚执穿凿，以为确不可易，如以"箕子"为荄滋，"枯杨"为姑阳，"蕃庶"为蕃遮。数百千条，迂晦难通。何义门云："但通其训诂而不辨义理，汉儒之说，皆高子也。"信乎朱子有言解经，一在以其左证之异同而证之，一在以其义理之是非而衷之，二者相须不可缺，庶几得之！今汉学者全舍义理而求之左验，以专门训诂为尽得圣道之传，所以蔽也。总而言之，主义理者，断无有舍经废训诂之事！主训诂者，实不能皆当于义理。何以明之？盖义理实有时在语言文字之外者，故孟子曰："以意逆志。不以文害辞，辞害意也。"宋儒义理，原未尝歧训诂为二而废之。有时废之者，乃正是求义理之真而去其谬妄穿凿、迂曲不可信者耳。若其不可易者，古今师师相传，如朱子《诗集传》训多用毛、郑，何遽能废之也。汉学之人，主张门户，专执《说文》《广雅》小学字书，穿凿坚僻，不顾文义之安，正坐斥义理之学，不穷理故也。考汉学诸公，大抵不识文义，故于义理多失。盖古人义理，往往即于语气见之，此文章妙旨，最精之说，汉学不解也。如臧氏琳说《孟子》"夫子之设科也"，"子"为"予"字之误。不知此句若作孟子自道，则不特文势弛缓不属，令人索然，且似孟子自承认门人为窃，大儒取友，乃收召无赖小人，污辱门墙，害义甚矣。汉儒之说，所以有不可从者，此类是也。赵氏注称"孟子曰夫我设教授之科"云云，又《章旨》云"虽独窃屦，非己所绝"，是殆直作孟子自认也。又据唐《石经》谓《诗》"萧萧马鸣"当作"肃肃"，因引《毛传》为证。无论开成《石经》最劣，不足信据，而杜子美在前已用"萧萧"，非石刻作"肃"，后人妄改加"艸"也。即谓木版在大历之世，而子美读已如此，可知非后人刉改也。《毛传》言不諠哗，正形容得是时出师气象，及诗人措语之妙，言但耳闻马鸣，目见旆旌，肃然不闻人声，故以不諠哗双释二句。若肃专属马。则此传止当在马鸣一句，下旆旌是无知物，非有血气，岂亦可以不諠哗诂之乎？要之，此诗连下文皆有肃意，正不必独于马用本义，故朱子移《毛传》不諠哗于徒御不惊之下，而于下节有闻无声，亦以至肃解之也。刘勰云："诗人感物，联类不穷。流连万象之际，沉吟视听之区。写气图貌，随物宛转；属采附声，与心徘徊。故灼灼状桃花之鲜，依依尽杨柳之态，杲杲为日出之容，瀌瀌拟雨雪之状，喈喈逐黄鸟之声，喓喓学草虫之韵。"由勰此论，则肃肃状马声甚拙，不及萧萧字远甚，非但失义，并失情景之妙。臧氏谓萧凉萧条，并入近人辞气。不知风雨潇潇，亦非近人诗也。潇，《说文》水名。若诗人以状风雨声，则亦萧凉意。又如段氏玉裁说《左传》"人尽夫也"当为天字之说。不知此句紧对上文父

## 第十七讲　朱子

与夫句作答，又以见其母为机速妇人，一时相绐，仓卒情事，不暇顾理，口角如绘之妙。若作"天"字，则是其母正告以三纲之义，分义至重，安得人尽云云而方教之以背其天乎？语不知偏正，理不知倒邪，而卤莽著书，真所谓诊痴符也。古人言各有当，汉学家每执一以解之，其意主于破宋人之说，其辞务博辨广征，案往旧造说以謷人而夺之，而遂不顾叛道离经矣。又陈见桃据《尔雅》切、磋、琢、磨四者，各为治器之名，非有浅深，朱子释为磋精于切，磨密于琢，殆强经以就己说云云。按《毛传》虽本《尔雅》，作四事解。然《尔雅》本以释《诗》。训诂之体，未暇释意。武公作诗，子贡赋诗，不据《尔雅》。况《毛传》云："道其学而成也。听其规谏以自修，如玉之琢磨也。"亦本《大学》传作二义，不析切与琢、磋与磨分言者。古人无此行文法，故贵以意逆志也。朱子释之至明而确，事理昭然，正合子贡之意。陈氏不谙文义，又不知说经与训诂体例不同，又昧于事物之理而妄讥之，谬矣。汉学说经，所讥于唐宋诸儒，谓经字曰讹、经义不合者，数百十条，大抵断截小文，喋嚅微辞，皆若此类。虽非闳旨所关，而疑似乱真，姑举此数条以见例，学者推类以尽其余可也。至戴氏之讥程子曰："《中庸》开卷说性即理也，如何说性即是理？"岂知程子此语，正用康成《乐记》注"理即性也"语。戴氏极诋程、朱，固奉康成为宗主矣，何又失检《礼注》，漫肆诋诃？若夫性即是理，此句与孟子性善同功，皆截断众流语，固非众贤小儒所能见及。考证、文章，皆欲为明义理也。汉学诸人，其蔽在立意蔑义理，所以千条万端，卒偏于谬妄不通，贻害人心学术也。戴氏后犹知悔之，其称天下有义理之源，有考核之源，有文章之源。既而曰："义理即文章、考核之源，义理复何源哉？吾前言过矣。"及其临终则曰："生平读书绝不复记，到此方知义理之学，可以养心。"此与王弇洲临殁服膺震川同为回光返照，盖其天姿聪明本绝人，平日特为风力阴识所鼓，不能自克，临殁之际，风力阴识之妄渐退，而孤明炯焉。乃焦循作《申戴》，又从而为之辞也。汉学惠、戴开山，惠栋虽标汉帜，尚未厉禁言理，而厉禁言理，则自戴氏始。一曰穷理必以明心。戴震禁言理，诋程、朱不当别言有理具于心，而其先黄震、顾炎武禁言心，以理流行于天地古今，特具于心，而不当以心为主，皆边见邪见，非正知见也。孟子曰："权然后知轻重，度然后知长短，物皆然，心为甚。"古今神圣一切智愚动作云为，皆心之用也。今为学欲明圣人之道，而拔本塞源，力禁言心，不知果有当于尧、舜、禹之意否邪？《黄氏日钞》说《尚书》"人心惟危，道心惟微"四语云："此本尧命舜之辞。舜申之以命禹，加危微精一于允执厥中之上，所以使之审择而执其中耳。此训之之辞也，皆主于尧之执中一语而发，岂为心设哉？近世喜言心学，舍全章本旨而独论人心道心，甚者单撮道心，而直谓心即是道。蔡九峰作《书传》，乃因以三圣传心为说，指十六字为传心之要，而禅学者借以为据矣。"唐虞之世，未有禅病。今以梁以后禅学，豫代古帝防之，动欲改避经文，抑何可笑。汉学之徒，益推而极之，以为荀子引"人心之危，道心之微"出《道经》，直证以为出于《道藏》，而快朱子传心之说，见斥于其徒。愚以为此二语，既为荀子所引，下文又曰："危微之几，惟明君子而后能知之。"则荀子视此二语亦不轻矣。夫所恶于禅学即心是道者，谓其专事明心，断知见。绝义理，用心如墙壁，以侥幸于一旦之洒然证悟。若夫圣人之教，兢业以持心，又精择明善以要于执中，尚有何病。盖单提危微二语，虽警惕提撕，意犹引而不发，至合下精一执中，则所以区处下手功夫至密，道理直盛得水住，而犹妄议之，可谓昧矣。或又谓心一而已，安有人心道心？孟子曰："仁，人心也"，是人心不可指为欲心。不知孟子此言，探其本始言之，即性善之旨，所谓道心也，然固不可谓一切人之心，皆全于仁而无欲也。故又尝曰："失其本心"，"陷溺其心"，夫陷溺而失之者，即欲心人心也。若谓人皆无欲心，则《记》所称"易慢之心"，"非僻之心"，果何心也？试令夫人自扪其心，果皆仁而无欲乎？唯夫人心本仁，而易堕于人欲之危，是以圣人既自择而守之以执其中，又推以为教于天下万世。千言万语，欲使同归仁而已。然固不能人人皆自觉悟以返于仁，则赖有此四言之教，相传不刊，以为迷途之宝炬慧灯，所以历代帝王，兢兢守之，不敢失坠，此所谓传心者也。尝试论之，以为禅家即心是道，与阳明本心良知，大略亦皆是道心一边，所以差失作病痛，正为少精一为执中耳。初学之士，欲审善恶邪正，全在察人心道心危微二端之几。懋修之儒，欲误认道心堕禅之失，全在精一执中之学。黄氏乃畏病而不识病源，转欲去其药，浸假而并欲去其躯体，轻于立论，真妄庸也。顾亭林乃益推衍黄氏之意曰："心不待传也。流行天地。贯彻古今而无不同者，理也。理具于吾心而验于事物。心者，所以统宗此理而别白其是非。人之贤否，事之得失，天下之治乱，皆于此判。此圣人所以致察于危微精一之间，而相传以执中之道，使无一事之不合于理，而无有过不及之偏者也。禅学以理为障，而独指其心，曰不立文字，独传心印。圣贤之学，自一心而达之家国之用，无非至理之流行。明白洞达，人人所同，历千载而无间者，何传之云。"其辞甚辨。但如顾氏所云"心者，所以统宗此理，圣人所以致察于微危精一，相传以执中，使无不合于理"，是顾氏不能舍心以言理。又云："圣贤之学，自一心达之家国之用，无非至理，历千载而无间。"是顾氏已自明言圣人以其心统具此理以传于千载。夫理具于心，无古今一也。今言理而不许言心，譬如言世人但取于米，不必言禾，此不为童昏之见耶？考朱子作《记疑》一卷，中有论传心一条，实为宋明之季诸儒所宗，今录以正黄氏、顾氏之辨为不得其理。其辞曰："先圣后圣，若合符节。非传圣人之心，传己之心也。己之心，无异圣人之心，广大无垠，万善皆备。欲传圣人之道，扩充此心而已。"朱子辨曰："学圣人之道，乃能知圣人之心。知圣人之心以治其心，而至于与圣人之心，无以异焉，是乃所谓传心者也。岂曰不传其道而传心，不传其心而传己之心哉？且既曰己之心矣，则又何传之有？"按此言传心非传圣人之道，固为大谬，黄氏、顾氏又以第传圣人之道而不当言心，益为鹘突。孟子论见知闻知，又曰："先圣后圣，其揆一也。"夫其所以知者何也，非以其心知之耶？

## 第十七讲 朱子

则后圣心之所知，即前圣心之所传也。大抵考证家用心尚粗疏，故不喜言心言性，言理言道，又会有禅学心学之歧，为其借口。此中是非杂糅，如油着面，本不易明。黄氏、顾氏以言心为堕禅，论虽灭裂，犹实有其害。近汉学家以致知穷理为堕禅，直是乱道。不知禅之失，正在不求心穷理；而禅之妙，亦正在不许求心穷理。才一求心穷理，便非禅。故其说曰："汝他日做得一把茅盖屋，止成得一个知解宗徒。"又曰："不可以知知，不可以识识。"又曰："不涉思议。"又曰："心无所住。"又曰："将心用心，却成大错。"夹山三桨，汾洲正闹，皆切切严禁用心，以理为障，以断知见为宗，离想为宗。六祖五宗相传秘密皆如此。今汉学家咎程、朱以言心言理堕禅，岂知程、朱是深知禅之害在不致知穷理，故以致知穷理破彼学而正吾学之趣耶？唯圣人吾儒之学，无不求心穷理，而禅家则切禁求心穷理，其事正相反。汉学者标训诂名物为宗，无以破程、朱言理之正，则一借禅以诬之。不知程、朱言人心道心，精一执中，致知穷理，正是破禅。又不知己之禁不许言心言理，乃是用罔，正与禅同病。而又或居身行己，湛溺忿欲，卑惑苟妄，且为禅之所呵弃，鄙薄不屑。不此之念，而反咎程、朱救堕禅之病为堕禅，颠倒迷谬，悖以不悖为悖，究之儒禅两边，皆不曾用功，徒取门面字样，纸上文句，耳食程、朱辟禅绪论，反以噬之，混以诬之。世俗不学无闻者众，惊闻其说，不辨涯涘，因附和之以为信然云尔。一曰《说文》非可证经，语详《小学篇》；一曰宋儒以力行为实事求是，汉学以考证为实事求是，所以号于天下一也，而归趣大异。朱子曰："圣贤说性命，皆是就实事上。言尽性，便是尽得三纲五常之道。言养性，便是养得此道而不害。至微之理，至著之事，一以贯之，非虚语也。"陆子曰："古人自得之，故有其实。言理则是实理，言事则是实事。德则实德，行则实行。"又曰："宇宙间自有实理。所贵乎学者，为能明此理耳。此理苟明，则自有实行实事。"又曰："千虚不博一实。吾生平学问无他，只是一实。"又曰："古人皆是明实理，做实事。"又曰："做得功夫实，则所说即实事，不说闲话。所指人病，即是实病。"袁絜斋燮言："尝见象山读《康诰》，有所感悟，反己切责，若无所容。"据此，则是宋儒穷理尽性而所以反求之六经，其实如此。汉学家皆以高谈性命为便于空疏，无补经术，争为实事求是之学，衍为笃论，万口一辞，牢不可破。以愚论：实事求是，莫如程、朱，以其理信而足可推行，不误于民之兴行，然则虽虚理而乃实事矣。汉学诸人，言言有据，字字有考。只向纸上与古人争训诂形声传注，驳杂援据群籍证佐数百千条。反之身己心行，推之民人家国，了无益处，徒使人狂惑失守，不得所用，然则虽实事求是，而乃虚之至者也。一曰宋儒穷理，汉学言礼。阮氏元曰："朱子中年讲理，晚年讲礼，诚有见于理必出于礼也。如殷尚白，周尚赤，礼也。使居周而有尚白者，以非礼折之，则不能争；以非理折之，则不能无争矣。故理必附于礼以行。空言理，则可彼可此之邪说矣。然则《三礼注疏》，学者不可不读。"其说盖本顾亭林。亭林在关中论学曰："诸君，关学之余也。横渠蓝田之教，以礼为先。孔子教颜子博文约礼，而刘康公亦云民受天地之中，所谓命也，是以有动作威仪之则以定命。然则君子为学，舍礼何由。某年过五十，始知不学礼无以立。"然亭林论率履之礼，阮氏主注疏训诂名物之礼。亭林以孔门执礼约礼，斥明儒心学纵恣之失；阮氏以注疏名物制度，砭宋儒格物穷理之学。宗旨各有在也。不知礼是四端五常之一，理则万事万物咸在。所谓"礼者理也，官于天也"，"礼者，天理之节文"，天叙天敕云云，皆是就体一端，言其出于天理，非谓天理尽予礼之一端，而万事万物之理，举不必穷也。周子言理曰："礼者，是就四德分布者言，非以一体尽四德之理也。"盖分言之，则理属礼；合论之，仁义智信皆是理。理幹是非，礼是节文。若不穷理，何以能隆礼由礼而识礼之意也？子夏曰礼后，则是礼者为迹，在外居后；理是礼之所以然，在内居先，而凡事凡物之所以然处皆有理，不尽属礼也。今汉学家厉禁穷理，第以礼为教，又所以称礼者，唯在后儒注疏名物制度之际，益失其本矣。至其援朱子晚年修礼经诸说，此乃诬朱子中年言理，晚始悔而返之于礼者，与阳明、朱子晚年定论，其事恰相反，而其用意之私，为说之巧，伎俩则适相同。斯其辨核汉宋之学，剖析疑似之际，箴砭起疾，议论凿凿。自来汉学家深疾其言，而无有针锋相对以为驳难者，岂不以言有据依，洞中肯会，阴实无可措辞，阳为不足重轻，姑以为不值一辩，而置之不论不议之列云尔。

陈氏引黄梨洲云："自周元公以主静立人极开宗，明道以静字稍偏，不若专主于敬。伊川则以敬字未尽，益之以穷理之说，而曰：'涵养须用敬，进学在致知。'"《宋元学案》卷十六。而推论之，以为："朱子又益之以读书之说，而曰：'穷理之要，必在于读书。'盖三变而愈平愈实，愈无弊矣。"此可作《理学宗传》一则提要读。

朱子之学，极高明而道中庸，道问学以尊德性。而在当日，别出朱子以自名家者，不出两派：有尊德性而不道问学者，象山是也；有崇事功而耻言尊德性者，永嘉、永康是也。朱子《答敬夫论中庸章句书》云："大率摆落章句，谈说玄妙，惯了心性。"《答吴伯丰书》云："元来道学不明，不是上面欠却工夫，乃是下面元无根脚。"《答陈安卿书》云："不可一向如此向无形处追寻。"《答许顺之书》云："不要说得太高，妙无形影，非惟教他人理会不得，自家亦理会不得。"此朱子之所以殊象山也。陈同甫亮言于孝宗曰："今世之儒士，自以为正心诚意之学者，皆风痹不知痛痒之人也。举一世安于君父之仇，方且低头拱手，高谈性命之学，不知何者谓之性命乎？"此永康、永嘉之所为讥朱学也。亦论朱学者所不可不知。

朱一新与陈氏同时，而为《无邪堂答问》五卷，表章朱子，商兑汉学，则尤与陈氏若合符契，而有足以相发者。其论以为汉学家喜称师法，而不许宋学之言宗旨；喜言训诂，而不许宋学之言心性；喜谭考据，而不许宋学之明义理；喜议礼，而不许宋学之说理，可谓知其一而不知其二者也。古者多言礼而少言理，以礼乐之事，童而习之，有迹象之可循。圣门以下学之功示人，故不空言理。宋儒则言理居多，仍与约礼之旨无异。盖礼经残阙，古今异宜，大而朝聘燕飨，小而宫室器服，多非后人耳目之所习，与之言礼，虽老师宿儒，或不能尽通其义。古人制礼之精意，何莫不由天理而来，故曰："礼也者，理之不可易也。"《礼·乐记》语。礼有文有本，其文之委曲繁重者，非后世所能行，亦非愚夫所能喻，则不得不举礼之精意言之。汉学家以是攻宋儒，未之思也。唯其即博文，即约礼，故无后世过高之弊与泛滥之失。朱子教人读书，而读书必归于穷理，读书穷理即博文约礼，语虽殊而意则一。于二陆之直指本心者，则虑其过高而失下学上达之旨；于东莱之多治史学者，则虑其泛滥而贻玩物丧志之讥。至明季及乾、嘉以来，而其言无一不验，故择术不可不慎，程、朱所以为圣学正宗者，此也。宋学书甚多，先择其要者读之。《近思录》为《四子书》之阶梯。《朱子语类》《文集》，精博无匹，学者最宜致力。《性理大全》，近人束诸高阁。不知宋五子书，布帛菽粟。性理中如《太极图说》《通书》《西铭》《正蒙》，探性道之原，抉阴阳之秘，浅人自不解，乃以空虚斥之！《大全》博采宋、元儒说，发明其义，研究秒忽，足以羽翼六经。诸儒之言，精实渊深，岂容一毫粗心浮气于其间耶？宋学以阐发义理为主。义理者，从考证中透进一层，而非精于考证，则义理恐或不确，故朱子终身从事于此，非遗弃考证之谓也。朱子言："考证别是一种工夫，某向来不曾做此。"自谦之词。今读《语类》，随举一事，无不通贯，而考证之粗迹，悉融其精义以入之，斯其文初无饾饤之习，莫非经籍之光。宋五子尚已。若汉之董江都、刘中垒、匡稚圭、扬子云诸人，皆有此意。西汉之学，所以高出东汉也。西汉大儒最重微言，宋儒则多明大义，然精微要眇之说，宋儒固亦甚多。其言心言性，乃大义之所从出，微言之所寓。汉学家独禁人言之，则无论《周易》一书，专明性道，即《四子书》中言心性何限。古书言性，有以性命言者，即宋儒所云义理之性也。有以才质言者，即宋儒所云气质之性也。疏家每不甚分析，然此不足为孔、贾病，彼时常解如此。性命道德之说，至宋儒始精。宋儒之有宗旨，犹汉学之有家法。拘于家法者非，然不知家法，不可以治经。好立宗旨者非，然不知宗旨，不可与言学术。学术者，心术之见端，差之毫厘，谬以千里，圣贤无不于此致慎焉。《论语》一书多言仁，仁即圣门之宗旨。《孟子》七篇言性善，言仁义，仁义、性善即孟子之宗旨。其他诸子百家亦皆有之。唯其有心得，而后有宗旨，故学虽极博，必有至约者以为之主，千变万化，不离其宗，六经无一无宗旨也。苟徒支离曼衍以为博，捃摭琐碎以为工，斯渺不知其宗旨之所在耳。夫乐之旨在和，礼之旨在敬。《礼记》开卷即言敬，《大小戴》之所述者，莫不以是为宗，此礼经之大义。汉儒谓之大义，宋儒谓之宗旨，其揆一也。故不合于六经大义者，不可以之为宗旨。六经大义，心之所同然者也。心之所同然者何也？谓理也义也。义理之学，宋儒以之为教，孔、孟曷尝不以为教？汉学家唯恶言理，故与宋儒为仇。理义之悦我心，犹刍豢之悦我口，岂苦人以所难哉？先王本理以制礼，以禁慝也。有礼斯有乐，以导和也。古乐既亡，礼亦为文饰之具，

## 第十七讲　朱子

宋儒因亟以理明之，又恐人矜持拘苦，而屡以从容乐易导之。今读其遗书，以理为教，实多以礼为教。而戴东原则曰："程、朱凭在己之意见而执之曰理，以祸斯民"，且谓"圣人以体民情，遂民欲为得理。"见《东原文集》《孟子字义疏证》。夫程、朱正恐人之误于意见，故有穷理之功，东原乃谓其认意见为理。汉学家略涉宋学藩篱，而以之攻宋儒，首推戴东原。乾、嘉诸儒，东原与钱竹汀并推巨擘，一精于经，一精于史。竹汀博洽过东原，湛深不逮，而弊亦较少，其言名物制度历算音韵，固足津逮来学。至东原《孟子字义疏证》语多支离，谬不胜究。大率以人欲为性之本然，当顺而导之，不当逆而制之，此唯圣人所欲不逾矩者乃可，岂中人以下之欲，皆能如是乎？欲仁，欲也。欲利，亦欲也。使徒欲遂其欲，而不以义理为闲，将人皆纵其欲而滔滔不返，不几于率兽而食人乎？欲本兼善恶言，宋儒曷尝谓欲有恶而无善。特理欲对言，则理为善而欲为恶，故《乐记》言天理人欲，《易》言惩忿窒欲，《论语》言克伐怨欲，经典中此类甚多，东原概置之，而但援欲立欲达以为说。不知《说文》欲训贪欲，《论语·宪问章》马注同。贪之为义，恶多而善少。东原精研训诂，岂独不明乎此？古书凡言欲者，皆有善有恶。程、朱语录亦然，其教人遏欲存理，特恐欲之易纵，故专举恶者，乌可以辞害意？惠定宇为汉学大宗，东原等群相应和。惠氏经学虽深，未免寡识，其言庞杂无绪，未得汉儒家法。《九经古义》摭拾前人弃置不用之说，其所推衍，亦罕精要，与臧氏庸《拜经日记》略同。《史通·补注篇》谓刘昭注《汉书》，如人有吐果之核，弃药之滓，愚者重加捃拾，洁以登荐，惠、臧之书，殆亦类此。然而惠、臧尚无恶于朱子。国初诸儒宗朱子而得其精意者，在上则李文贞，在下则陆桴亭，皆非占毕与空疏可比。桴亭学问淹贯，于宋儒中兼取东莱、永嘉之长。《思辨》一录，言经济甚多，而不为迂远难行之论，天文、舆地、律吕、礼乐、河漕、兵制、农田、水利，无不究心，而一归于儒术，盖朱子为学之方，本自如此。天算、音韵、律吕之学，桴亭虽不及文贞之深，而操履纯懿尤过之。陆清献论学之正，律己之严，致用之纯实，固不待言，至研究义理，剖毫析芒，则诸儒皆不能逮。其学专宗程、朱，即濂溪、明道亦不甚取，盖有鉴于明末心学流弊，故辨别至严。此乃其时为之，后人不得以是为疑也。张杨园宗旨纯正，践履甚粹，《经正》《备忘》诸录，多自得之言，集中与何商隐、屠子高、沈德孚诸书，议论皆透辟，唯精博稍不逮二陆。顾亭林敦尚风节，与孙夏峰同，论学颇重事功，略与永嘉相近，生平史学深于经学，而刚介之节，得诸孟子者尤多。其书沾溉艺林，为功甚大，但持论间有粗疏偏激处，读者亦不可不知。后来汉学家重其书，但取其能考订耳。此则叶公之好龙，郑人之买椟。特是校雠之学，则汉学家阐扬亭林之考订，若于此独有偏胜。其最精者，若高邮王氏父子之于经，嘉定钱氏兄弟之于史，皆陵跨前人。竹汀史学绝精，即偶有疏误，视王西庄辈固远胜之。第此为读史之始事，史之大端，不尽于此也。王文肃、文简之治经亦然，其精审无匹，视卢召弓辈亦远胜之。子者经之绪余，周秦诸子文字训诂，又多与经相出入，故王氏并治之。其订《国策》《史》《汉》，亦用此例，顾往往据类书以改本书。则通人之病。若《北堂书钞》《太平御览》之类，世无善本，又其书初非为经训而作，事出众手，其来历已不可恃，而以改数千年来汉唐诸儒断断考订之本，不已慎乎？然王氏犹必据有数证而后敢改，尚不失慎重之意。若其徒则求异前人，单文孤证，务为穿凿，以改本文。不知古人同述一事，同引一书，字句多有异同，非如今之校勘家，一字不敢窜易也。今人动以此律彼，专辄改订，使古书皆失真面目，此甚陋习，不可从。凡本义可通者，即有他书显证，亦不得轻改。大抵为此学者，于己甚劳，而为人则甚忠，竭毕生之精力，皆以供后人之取携，为惠大矣。故此学终古不废，亦不可不从事其间，第以此为登峰造极之事，遽欲以傲宋儒，则所见甚陋。汉学家诃佛骂祖，不但离文与行而二之，直欲离经与道而二之，斯其所以为蔽。朱氏答问，数年数过，其学汉宋兼权，六通四辟，闳通精实，兼而有之，卓荦为桀，以汉学治宋学，以宋学通汉学，足与陈氏此记相发，通方而不为拘虚，蔚成风气，以结逊清儒之局。而近见梁任公为《清代学术概论》，乃置之不论不议之列，多见其不知类也。故以卒于篇。